♪ ⓪・①・②歳児の 歌で楽しむ発表会

わたなべめぐみ 著

チャイルド本社

はじめに

　０・１・２歳児の発表会に関して「何をしたらよいか悩む」「小さい子に無理に練習させるのはかわいそう」「保護者対応が難しい」「２歳児はよいけれど、０・１歳児には必要ないのでは？」などの悩みをよく耳にします。でも、もともと発表会は、日ごろの保育活動の成果を発表する場です。日々の園生活のなかで「こんなことができるようになったよ」という成長した姿を保護者に見ていただくのが目的ですから、０・１・２歳児は０・１・２歳児ならではの姿を見ていただけばよいのです。無理に特別なことをするのではなく、普段楽しんでいるあそびにちょっと工夫するだけなら、０・１・２歳児でも無理なく参加できるはずです。

　保護者は、家庭にいるときとは違う子どもの姿を見ることで、わが子の成長やかわいらしさを再認識する機会になります。子ども自身にとっても、普段とは違う体験をすることが、次の成長へのよい刺激になるでしょう。

　本書では、０・１・２歳児の子どもたちが「よく知っている歌」を題材に選んでみました。普段の保育のなかで歌をうたい、簡単なあそびを楽しむだけでもOK。いろいろなあそびを楽しんで、お気に入りのあそびを見つけたら、ぜひ発表会でみんなに見せてあげましょう。

わたなべ　めぐみ

もくじ

はじめに……………………………………………………… 2
本書の特長・使い方………………………………………… 4

第1章　よくわかる 0・1・2歳児の発表会 …… 5

これでバッチリ！　0・1・2歳児の発表会 ……………… 6
「0歳児の発表会」のポイント ……………………………… 7 
「1歳児の発表会」のポイント ……………………………… 8
「2歳児の発表会」のポイント ……………………………… 9
発表会 準備のステップ …………………………………… 10
基本的な大道具・衣装の作り方 ………………………… 12
基本をおさえよう！　舞台作り ………………………… 14

第2章　うたって遊んで　さあ、発表会！ …… 15

かわいいかくれんぼ ……………………………………… 16
おつかいありさん ………………………………………… 24
ぶんぶんぶん ……………………………………………… 32 
アイアイ …………………………………………………… 40
やまのおんがくか ………………………………………… 50
コンコンクシャンのうた ………………………………… 58
おはようクレヨン ………………………………………… 66

第3章　0・1・2歳児の発表会　Q&A …… 75

準備編 ……………………………………………………… 76
当日編 ……………………………………………………… 82
アフターケア編 …………………………………………… 85

本書の特長・使い方

歌に親しむ
全作品、楽譜付き
テーマとなる童謡の楽譜を掲載しています。

遊ぶ
発表会につながる日常のあそび
各作品2～3のあそびを紹介しています。日常の保育に取り入れれば、発表会に無理なくつながります。

発表会にチャレンジ
取り組みやすい発表会のシナリオ
お話を進めるのは、ほぼ保育者。子どもたちは、ごく簡単なせりふを言ったり、「日常のあそび」のコーナーで紹介したあそびで遊んだりしていれば、魅力たっぷりの発表会になります。そんなシナリオを収録しました。

ワンポイント
0・1・2歳児だからこそ気をつけたい内容・事柄をていねいに解説。子どもたちがよりスムーズにあそびや発表会を楽しめるポイントがいっぱいです。

動きもバッチリ！
舞台上の子どもや保育者の動きが図で把握できます。

小さい子向け・大きい子向けアレンジのポイント
シナリオが、「うちの子たちには難しい」「簡単すぎる？」そんなときは、この「アレンジのポイント」をご活用ください。0・1・2歳児どの年齢でも楽しめる工夫が満載です！

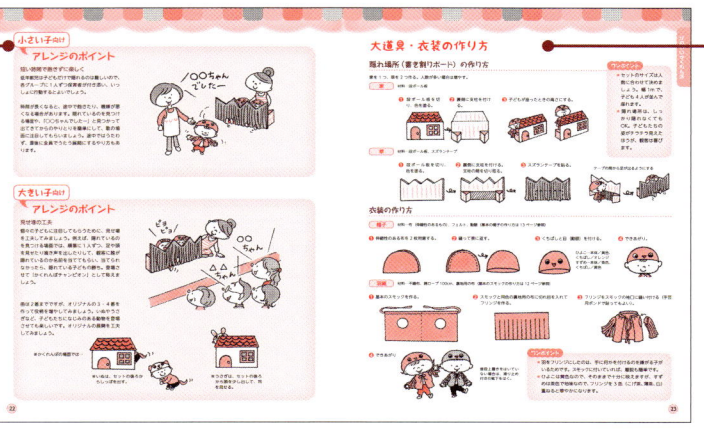

大道具・小道具・衣装の作り方
簡単に作れて、舞台映えするアイテムの作り方をご紹介します。

第1章

よくわかる
0・1・2歳児の発表会

0・1・2歳児の発表会の心構えから、子どもの発達、
当日までの流れや基本アイテムの作り方をご紹介します。

これでバッチリ！0・1・2歳児の発表会

発表会を子育て応援の機会に

　発表会を、子どもたちの成長した姿を見せる場であると同時に、ともに子育てをする保育者と保護者が、子どもの成長を喜び合うイベントにしましょう。

　成長が著しい0・1・2歳児は、日々の育児に手がかかる時期。「わが子はかわいいけれど、育児は大変だ」と感じている保護者も多いはずです。そこで、発表会を通じて、普段見過ごしがちな子どもの成長やかわいさを再発見してもらうのです。

　「大きくなったね」「がんばっているね」「かわいいね」と感じる気持ちが、子育てに自信と勇気を与えてくれるはずです。発表会を通して「みんなで力を合わせて育てていきましょう」という保育者からのメッセージを発信していきましょう。

いつものあそびの延長でOK

　発表会だからといって、特別なことをする必要はありません。子どもの成長を確認するのがねらいですから、いつも楽しんでいるあそびを見せるのが一番。「いつもこんなふうにごっこあそびをしています」とか「この歌がお気に入りです」という内容を、いつものように保育者と子どもたちとで楽しみ、それに保護者にも参加してもらいましょう。

　みんながよく知っている歌なら、いっしょにうたってもらいましょう。甘えて離れられなくなったりしたら、おうちの方にもいっしょに舞台に上がってもらいましょう。みんなであそびの時間を共有するのが、0・1・2歳児の発表会の楽しみ方です。

「0歳児の発表会」のポイント

0歳児の発達

ねんね・おすわりのころ（0〜6か月くらいまで）

まだ動き回ることはできなくても、視界に入ったものに興味を示し、周りの音や雰囲気に敏感に反応する時期です。しっかりとだっこをしたり、やさしく声をかけたりすることで安心感を与えることが大切です。慣れた人との1対1での触れ合いが基本ですが、身の回りの人や物への興味も育っていく時期なので、いつもとは違う環境を経験したり、いろいろな人と触れ合う時間をもったりすることで発達が促されます。

はいはい・たっちのころ（6か月〜1歳くらいまで）

おすわりができるようになって視界が広がると、身の回りの物への興味・関心が発達し、それが「自分で動きたい」という意欲につながります。大人からの声かけに身振りや喃語(なんご)で答えたり、動きや言葉をまねて、リズムあそびを楽しんだりすることもできるようになります。月齢差・個人差が大きい時期なので、興味を示したことを無理なく楽しむことが大切です。

発表会のポイント

0歳児ならではの発表会を！

発達が著しく、個人差も大きい0歳児の場合は、クラス全員が同じことをするのは難しいですし、不自然です。月齢差・個人差を考えて、無理のない形で参加してもらいましょう。保育者や保護者がだっこで登場したり、舞台上に普段使っているベビーチェアを置いて、そこに座って手あそびや歌あそびをしたり、カーペットを敷いて、はいはいするなどのかわいい姿を見てもらえば、0歳児ならではの発表会になるはずです。

大切なのは、普段の保育

0歳児が普段の保育のなかで、歌を聴いたり、触れ合いあそびを楽しんだりするのは、言葉や体の機能の発達や心の育ちを促すのが目的で、発表会のためではありません。だから、発表会ではなにもできなくても「普段は喜んでやっている」なら心配ありません。大切なのは、普段の保育なのです。発表会当日は「普段通りにできたらラッキー」くらいの楽な気持ちでイベントを楽しみましょう。

「1歳児の発表会」のポイント

1歳児の発達

たっち・よちよちのころ（1歳～1歳半くらいまで）

　立ち上がり、二足歩行ができるようになる時期。好奇心旺盛で、なににでも手を出すので、目が離せなくなります。身近にいる大人がうたったり踊ったりして見せると、まねをしていっしょに楽しめるようになります。指さし行動や簡単な言葉で、自分の気持ちを伝えることもできるようになります。

とことこ・たったかのころ（1歳半～2歳くらいまで）

　運動機能が発達して、歩く・走る・つかむ・押すなどの手足の動きがスムーズになります。言葉の発達も著しく、名詞などの単語を20～30語程度理解できるようになります。ただし、聞いて理解できても、話すことはまだできない子も多い時期です。絵本・歌・ごっこあそびなどを通して、言葉を聞いたり、大人とやりとりをしたりすることで、コミュニケーション力が育っていきます。

発表会のポイント

"まねっこあそび"から始めましょう

　まだ想像力が発達していない1歳児は、自分でイメージをふくらませるのが苦手。でも、身近にいる大人のまねっこは大好きです。はじめは、大人が楽しそうにうたったり踊ったり、なにかに変身する姿を見せてあげましょう。きっと喜んでまねをしてくれます。みんなでいっしょになにかをする楽しさを味わうことが「1歳児の発表会」のねらいなのです。

想像力の種をまこう

　想像力は特別な力ではありません。自分がもっている知識や経験をもとにして、今ここにないものや目に見えないことについて考える力です。普段から、さまざまな音楽を聴いたり、美しい景色や絵を見たり、動物や自然に触れたりする機会を作りましょう。その知識や経験が想像力の種になります。身近な大人がいっしょに体験して「きれいだね」「かわいいね」「楽しいね」と共感してあげましょう。

「2歳児の発表会」のポイント

2歳児の発達

「自分で」という気持ちが強くなるころ

　基本的な運動能力が発達して、行動範囲が広がっていきます。手洗いや衣服の着脱など、身の回りのことも少しずつ1人でできるようになり、「自分で」という意欲も強くなります。が、まだ実力が伴わないため、うまくいかないことも少なくありません。自分の気持ちが伝わらなかったり要求が通らなかったりすると、かんしゃくを起こしたり、「ヤダ」と反抗したりすることもあります。でも、反抗は心の成長の証。何度でも挑戦して、できなかったことができるようになる喜びに共感してあげましょう。

発表会のポイント

子どものやる気を引き出そう

　「自分で」という気持ちが強くなる時期なので、無理に同じことをさせようとすると「イヤ」と反抗する場合があります。はじめは、大人がうたったり踊ったりまねっこあそびをする姿を見せて、見本を示します。子どもが興味を示していっしょに遊び始めたら、「上手だね」「かわいいね」「かっこいい」など、たくさんほめてあげましょう。大人に認められたことで達成感を感じ、それが次のやる気につながります。

「よいところを見せよう」とはりきらない

　発表会は保育活動の成果を見せる晴れ舞台。つい「よいところを見せよう」とはりきりすぎて、子どもに無理をさせてはいませんか。普段の保育活動で1度もやったことがないことを、発表会のために短期間で練習させたり、興味がない子に無理やり表現あそびをさせたりすることは、保育者も子どもも楽しくないし、本当の成果とはいえません。発表会のねらいはなんなのかを忘れないようにしましょう。

発表会 準備のステップ

保育者 / **子ども**

① ① 遊ぶ
本書の「日常のあそび」のコーナーで提案したあそびを楽しむ。

② ② 歌に親しむ
作品に登場する歌をうたって楽しむ。
あそびのなかでBGMとして流す。

CHECK! 78・79ページ

③ 伝える（保護者対応）
子どもたちがあそびや歌を楽しむ様子を保護者に伝える。
＊全体の様子はクラス便りで。
＊個々の様子は連絡帳を活用。

本番1か月前

④ 脚本作り
本書を元に脚本を書く。舞台構成・演出も考える。

CHECK! 12・13ページ

⑤ 大道具・小道具・衣装作り

③ 製作活動（2歳児）
大道具や小道具に簡単な色塗りをするなど、できることに参加。

3週間前

⑥ ④ 劇あそびを楽しむ

「さあ、発表会」のコーナーで提案した劇あそびを楽しむ。実際に衣装を着たり、セットを使って、歌・踊り・せりふをあそび感覚で練習していく。衣装の調整・セットの配置・保育者の役割分担や動きを確認する。

2週間前

⑦ ⑤ 配役（グループ分け）決定

配役（グループ分け）が必要な場合はこのタイミングで決める。
＊ 0・1歳児は月齢を考慮して保育者が決定。
＊ 2歳児は、子ども自身に選んでもらう。

1週間前

CHECK! 78〜81ページ

⑧ 伝える（保護者対応）

発表会のねらいや、子どもたちが劇あそびを楽しんでいる様子を伝える。本番当日のスケジュールもここで確認しておく。

⑥ 仕上げ

確認のための練習期間。ほかのクラスの劇を見学したり、会場を見せたりして雰囲気に慣れておく。

本番前日

⑨ 衣装・セット・機材の最終確認

衣装やセットの補修。
セットの配置確認。
保育者の役割分担・動きを確認。

本 番 当 日

いつも通りにいかなくて当たり前。発表会の雰囲気を楽しみましょう。

基本的な 大道具・衣装の作り方

大道具や衣装があるだけで、ぐっと発表会の雰囲気が出てきます。ここでは、基本的な大道具と衣装の作り方を紹介します。

書き割りボード（セット）の作り方

森バージョン　材料…段ボール板

❶ 段ボール板を折って、三角柱の支柱を2つ作る。

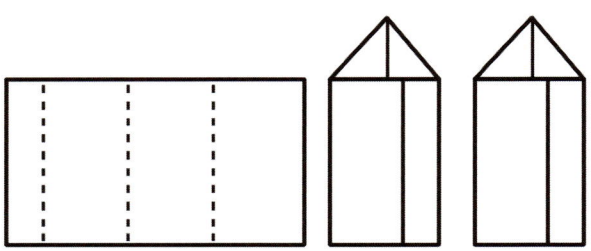

❷ 段ボール板で森を作り、裏側の左右に支柱を付ける。

リバーシブルの場合は、支柱にも色を塗ったり、絵を描いたりすると立体感が出る。

草バージョン　材料…段ボール板、段ボール箱、色画用紙

❶ 段ボール板を切り、色を塗ったり、色画用紙を貼り付けたりして彩色する。

❷ 裏側に支柱を貼り付ける。支柱の代わりに段ボール箱を貼り付けると、小道具入れになる。

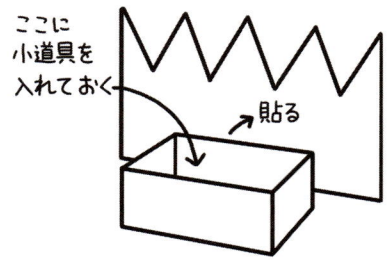

ここに小道具を入れておく

衣装の作り方

基本のスモック　材料…不織布、綿ロープ（ひも）100cm（首回りより少し長めの平ゴムでも可）

❶ 不織布を切り、袖穴を切り抜く。

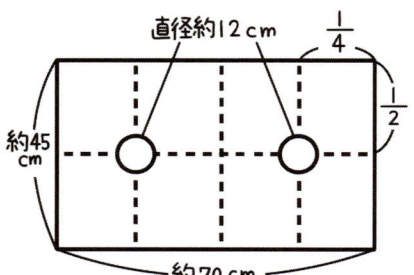

直径約12cm　1/4　1/2　約45cm　約70cm

❷ 端を2cm折り返し、綿ロープ（ひも）を通して縫う。ミシンを使うと便利。

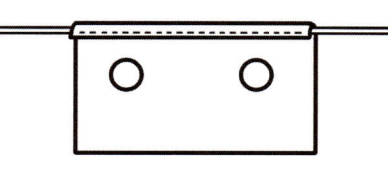

＊低年齢になるほど、ひもを後ろで結ぶタイプがよいでしょう。すぐにほどくことができるので危険防止にもなります。

ポイントは動きやすさ！

綿ロープ（ひも）は、結び目が前でも後ろでもOK。平ゴムを使ってもいいですね。端を縫い合わせれば頭からかぶって着脱ができます。

〈ひもバージョン〉 　〈ゴムバージョン〉

お面・帽子の作り方

はちまき型お面　材料…厚紙、画用紙、輪ゴム2本

❶ 画用紙に絵を描いて切り抜く。

❷ 厚紙と輪ゴムで帯を作る。厚紙を帯状に切り、両端を折り返して輪ゴムをクロスさせるように2本通し、端をホッチキスやセロハンテープで留める。

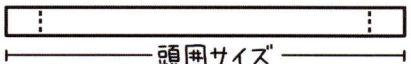

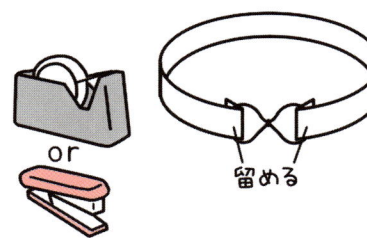

❸ 画用紙を帯状に切り、折って三角柱の支えを作り、②の中央に貼り付ける。①を支えに貼り付けたら完成。

基本の帽子　材料…布（伸縮性のあるもの。ジャージー、ニットなど）、フェルト、綿、動眼（プラスチック製の動く目玉）

❶ 布とフェルトを切ってパーツを作る。

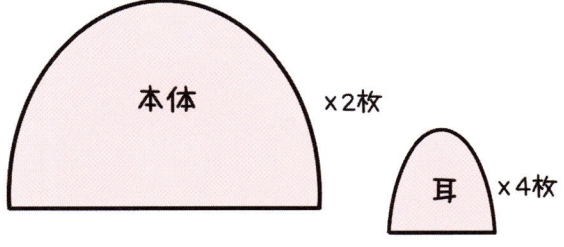

❷ 耳を縫い、綿を詰めて口が開かないように縫う。

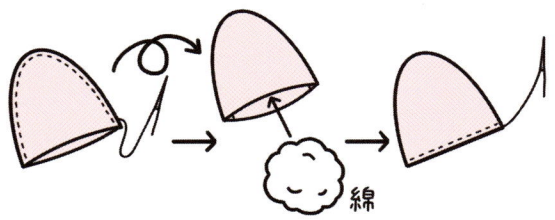

❸ 本体の布で②の耳をはさんで縫い合わせ、裏返す。

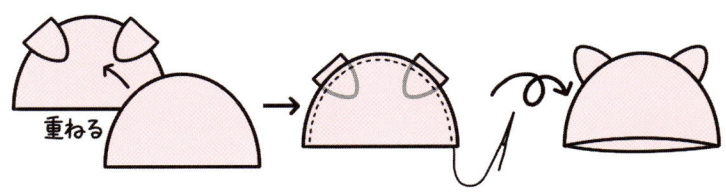

＊鳥の場合は、フェルトで作ったくちばしと動眼（プラスチック製の動く目玉）を付けます。

基本をおさえよう！ 舞台作り

基本的な舞台構成と、子どもたちがリラックスして劇あそびを楽しむための舞台作りのポイントを紹介します。

基本的な舞台構成

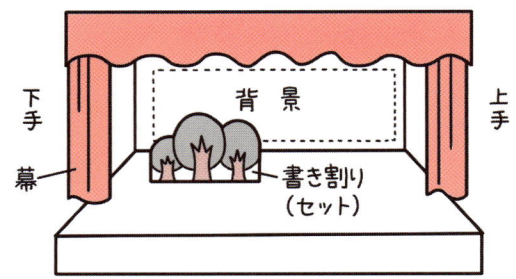

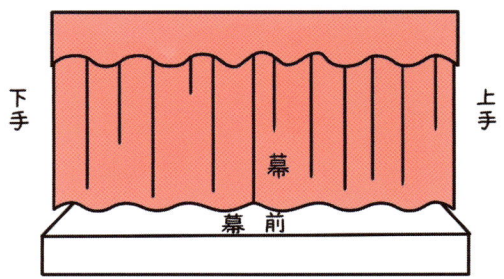

舞台に向かって
　右側→「**上手**」（かみて）
　左側→「**下手**」（しもて）
舞台の脇を「**袖**」（そで）と言います。

幕が閉まったときに舞台上にできるスペースを「**幕前**」と言います。
司会進行役や保育者が、客席に向かって話すときに使います。

本格的な舞台がない場合

会場を舞台と客席に区切り、天井などにカーテンレールを取り付けて幕を下げます。子どもの劇の場合、幕の開閉ははじめと終わりだけということが多いので、幕はなくても OK です。

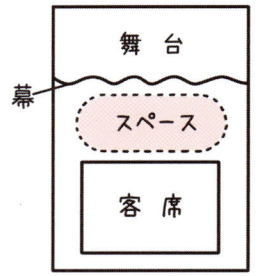

舞台はあるけれど袖がない場合

舞台端に昇降のための階段や踏み台を置き、そこに「ダミー壁」を立てて袖を作りましょう。観客から見えないので、出番を待つ子どもの待機場所としても使えます。

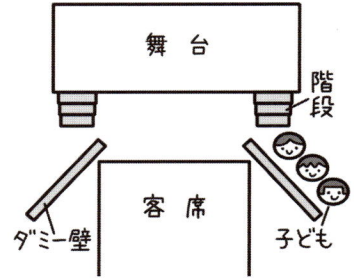

＊「ダミー壁」の作り方は 12 ページの「書き割りボード」の作り方参照。

発達段階に合わせた舞台作り

- 危険防止のため、低め（10〜20cm）か、観客席と段差がないフラットな舞台がおすすめです。
園の舞台が高い場合は、0・1・2歳児の演目だけ舞台下で行う方法もあります。この場合、前のほうの観客はいすを使わずに床に座ってもらうと、威圧感が減り、子どもたちの緊張も和らぎます。後ろのほうの観客は、見えやすいようにいすを使います。
- 高い舞台を使う場合は、端に書き割りボード（セット）を置くと、端に寄りすぎて転落する事故を防ぐことができます。書き割りボードは、立ち位置の目印にも使えて便利です。

第2章

うたって遊んで さあ、発表会！

おなじみの童謡7曲が、劇あそびの脚本になりました。
脚本の前には、劇に関連する「日常のあそび」をご紹介。
楽しいあそびが、そのまま発表会へとつながります。

かわいいかくれんぼ

おつかいありさん

ぶんぶんぶん

アイアイ

やまのおんがくか

コンコンクシャンのうた

おはようクレヨン

かわいいかくれんぼ

ひよこやすずめになりきって、ドキドキしながら隠れましょう。隠れるスリルを味わうのも楽しいけれど、見つかっても楽しい！　次は誰がめっかった？

サトウ ハチロー 作詞　中田 喜直 作曲

1. ひよこがね　おにわで ぴょこぴょこ かくれんぼ
2. すずめがね　おやねで ちょんちょん かくれんぼ

どんなに じょうずに かくれても　きいろい あんよが みえてるよ　だんだん だれが めっかった
どんなに じょうずに かくれても　ちゃいろの ぼうしが みえてるよ　だんだん だれが めっかった

日常のあそび

1 いないいないばぁあそび　（0・1歳児向き）

ドアのかげから顔を出して「いないいないばぁ」をしてみましょう。「いないいない」と言いながら隠れ、「ばぁ」と顔を出します。最初は保育者だけで、その後、子どもといっしょにやってみましょう。「〇〇ちゃん、いないいない…」と言いながらいっしょに隠れ、「ばぁ」と言いながら元気に顔を出します。

何回か繰り返すと、声かけをすれば子どもだけでもできるようになります。子どもが出てきたら「〇〇ちゃん、いたぁ」と笑顔でハグしてあげましょう。顔だけから始めて、だんだんと体全体を使ってダイナミックにやると楽しいですよ。

ワンポイント

* 0・1歳児では、まだかくれんぼの意味が理解できません。まず、「いないいないばぁ」から始めて、隠れたり、出てきたりする楽しさを感じてもらいましょう。
* 最初は両手で顔を隠す、昔ながらのやり方で始め、慣れてきたらドアやおもちゃ箱のかげなどに隠れるようにしましょう。怖がらせないためにも、少し見えるくらいの隠れ方がおすすめです。

● 遊び方 ●

その1　手で顔を隠して…

その2　物で顔を隠して…

その3　何かのかげに隠れて…

ワンポイント

0歳児は1対1で
0歳児は月齢差が大きいため、集団あそびはまだ楽しめません。一人ひとりとしっかり向き合って、目を合わせて「いないいないばぁ」をしてあげましょう。顔が見えたときの安心感が人間関係の基礎を築きます。

ワンポイント

1歳児はみんなで
1歳児は、いっしょにいるほかの子どもが気になり始める年齢です。少人数のグループで、お互いの顔が見えるように円形に座り、みんなで順番に「いないいないばぁ」をしたり、みんなで隠れて、一斉に「ばぁ」と飛び出したりして、集団あそびの楽しさを経験させてあげましょう。

日常のあそび **2 かくれんぼあそび1** （1・2歳児向き）

室内でかくれんぼをしましょう。テーブルの下やおもちゃ箱の後ろなど、全身が隠れなくてもOK。保育者がおにです。おにはわざと気づかないふりをして通り過ぎたり、そばまで近づいて「どこに隠れたのかな？」と探すふりをして、ドキドキ感を高めましょう。見つけることよりも、隠れるスリルを楽しみます。

● 遊び方 ●

① 保育者はおに役と補助役に分かれます。おにには、所定の位置で手で目隠しをして数を数えます。

② その間に、子どもたちは補助役の保育者といっしょに隠れ場所を探します。

※補助役は子どもたちの安全に留意し、隠れ場所をきちんと把握することが大切です。

③ 数を数え終えたおには「もう、いいかい？」と声をかけます。補助役は「まぁだだよ」と答えながら、子どもが隠れている場所を確認。全員が隠れたら「もう、いいよ」と合図を送ります。

④ おには子どもたちを探します。見つけたら「○○ちゃん、見つけた」と笑顔でハグしてあげましょう。見つかった子は、補助役といっしょに待機するか、おにといっしょに探すがわになっても楽しいです。

日常のあそび　**③ かくれんぼあそび2**　（2歳児向き）

　段ボール箱ややわらかい積み木で"隠れ場所"を作ります。子どもたちは2～3人のグループに分かれて隠れます。おにになった保育者は隠れ場所に行って「隠れているのはだぁれ？」と聞きます。隠れている子どもは順番に鳴き声（ワンワン・ニャー・ピヨピヨなど）で答えます。その声で隠れている子が誰か当てるあそびです。

ワンポイント

* 隠れ場所をウレタン積み木や段ボール箱で作る場合は、子どもが座ったときの高さを目安に積んで、クラフトテープなどで崩れないようにしっかり固定しておきましょう。
* 戸棚や押し入れなどに隠れると危険です。最初に隠れる場所を決めておきましょう。
* やりとりを楽しむ遊びです。顔が見えていても「だぁれ？」と聞き、すぐに誰かわかっても、わざと間違えたりして、会話を楽しみましょう。個々の発達段階に合わせたやりとりをすることが大切です。

● 遊び方

① ホールなどの広い場所に"隠れ場所"を設置。おに役の保育者が数を数えている間に、子どもたちは好きな場所の後ろに座ります。

② おには、数を数え終えたら「もう、いいかい」と声をかけます。子どもたちは「まぁだだよ」か「もう、いいよ」と答えます。「まぁだだよ」は3回までなど、あらかじめルールを決めておきましょう。

③ 「もう、いいよ」の声が聞こえたら、おには隠れ場所に近づき、「隠れているのはだぁれ？」と声をかけます。聞かれた子どもは好きな動物の鳴き声で返事をします。おには「○○ちゃんかな？」と名前を言い、当たっていたら「見つかっちゃった」と言って立ち上がります。

④ 全員が見つかったら、終わり。

ワンポイント

* 同じ場所に隠れている子を全員見つけてから、他の場所に移る方法と、1か所で1人見つけたら次の場所に行く（これを全員見つけるまで繰り返す）方法があります。

さあ、発表会

「かわいいかくれんぼ」シナリオ

ねらい　いろいろな動物に変身して、コミュニケーションを楽しむ。

グループは2つだが、舞台のバランスを考えてセットは3つ置く。

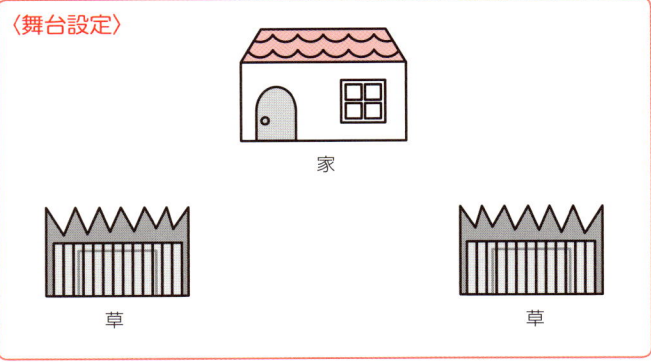
〈舞台設定〉
家／草／草

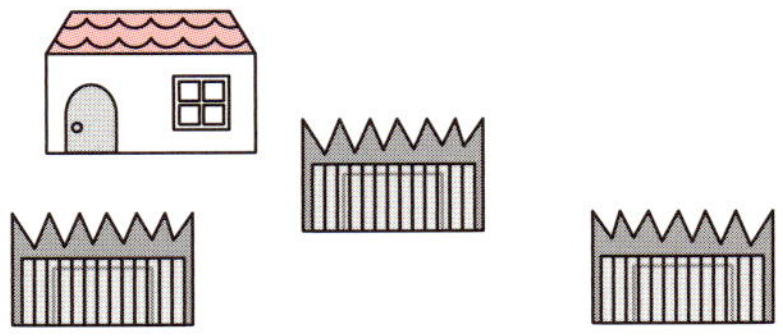

〈配役〉
 ひよこグループ　 すずめグループ　 進行役（保育者）　 補助役（保育者）

ねこ、いぬグループなどを増やす場合は、セットも増やす。

言葉・動きの中心となる役	進め方・配置・動き・せりふ
	子どもたちは、同じ動物ごとにグループになり、舞台上に設置した隠れ場所のセット裏に、あらかじめ待機する。補助役の保育者もいっしょに待機する。　　　　　　　　　　………★
進行役（保育者）	進行役、下手から登場。　　　　　　　　　　　　　………① 「みんな、どこに隠れたのかなぁ」 辺りを見回してから、観客に話しかける。
	「今、かくれんぼをしているんですよ。わたしがおに。でも、みんな隠れるのが上手だから、みなさんも、探すのを手伝ってくださいね…。あっ、あの草の後ろから、なにか黄色いものが見えましたよ」 草のセットを指さして注目してもらう。
	ひよこグループ、草の後ろから足を出す。補助役が補助。…②
進行役（保育者） ひよこグループ 進行役（保育者） 全員 ひよこグループ	「かわいい足ですね。あれっ、声も聞こえますよ」 「ぴよぴよぴよ」（元気に鳴く） 「元気な声ですね。黄色い足でぴよぴよ鳴くのは…。そう、もうわかりましたよね。では、みなさん、わたしといっしょに言ってください。いち、にの、さん、はい」 「ひよこさん、みーつけた！」 「見つかっちゃったー」 ひよこグループ、舞台中央に登場する。　　　　　　………③
進行役（保育者）	「隠れていたのは、ひよこさんでした。お名前を聞いてみましょう」

★**ワンポイント**
登場があとのグループは、舞台上の待ち時間が長いので、月齢でグループ分けをして、小さい子から登場させましょう。

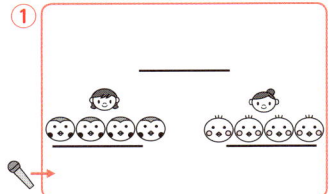
①

②

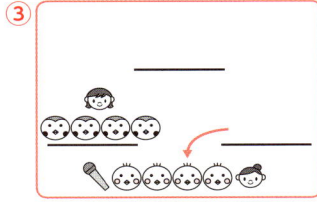
③

進行役（保育者）	一人ひとりにマイクを向けて、名前を言ってもらう。時間があるなら簡単なインタビュー（年齢・好きな食べ物）をしたり、その子の紹介をしてもよい。　………④ 例）「○○ちゃんは、お花が大好きな優しい女の子です」
	グループ全員の紹介が終わったら、歌をうたう。
ひよこグループ　歌	「ひよこがね　おにわでぴょこぴょこ　かくれんぼ 　どんなに　じょうずに　かくれても 　きいろい　あんよが　みえてるよ 　だんだん　だれが　めっかった」
進行役（保育者）	「ありがとう、ひよこさん。まだ、ほかのお友達が見つからないから、ちょっと待っててね」
ひよこグループ	「はーい」
	ひよこ、手を振りながら上手に退場。　………⑤ ※すずめグループも同様に進める。子どもの人数が少ない場合はインタビュー後も退場せず、隠れていたセットの前に座って待ってもよい。
	すずめグループが歌い終わったら、退場しているひよこグループの子どもたちを呼ぶ。
すずめグループ	「みんな、おいでー」
ひよこグループ	「はーい」
	子どもたち、舞台上に集合。　………⑥★
進行役（保育者）	「かくれんぼ、楽しかったね。また、やりたい人？」
子ども全員	「はーい」
進行役（保育者）	「そうだね、またやろうね。それではみなさんにご挨拶しましょう。ありがとうございました」
全員	「バイバーイ」
	みんなで手を振りながら、幕。

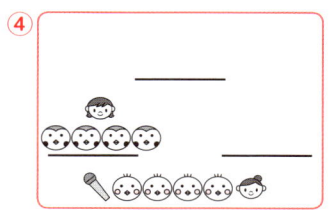

④

⑤

ひよこグループが退場したら、すずめグループとのやりとりを始める。展開は②〜④と同様。

⑥

★ **ワンポイント**

グループ数が増えると待ち時間も長くなります。舞台上で待機するのが難しい場合は、1番目のひよこだけ舞台上スタートにして、ほかのグループは前のグループが退場するときに、入れ替わりにセット裏に入るようにしましょう。

小さい子向け

アレンジのポイント

短い時間で飽きずに楽しく

低年齢児は子どもだけで隠れるのは難しいので、各グループに1人ずつ保育者が付き添い、いっしょに行動するとよいでしょう。

時間が長くなると、途中で飽きたり、機嫌が悪くなる場合があります。隠れているのを見つける場面や、「○○ちゃんでしたー」と見つかって出てきてからのやりとりを簡単にして、歌の場面に注目してもらいましょう。途中ではうたわず、最後に全員でうたう展開にするやり方もあります。

大きい子向け

アレンジのポイント

見せ場の工夫

個々の子どもに注目してもらうために、見せ場を工夫してみましょう。例えば、隠れているのを見つける場面では、順番に1人ずつ、足や頭を見せたり鳴き声を出したりして、観客に誰が隠れているのか名前を当ててもらい、当てられなかったら、隠れている子どもの勝ち。登場させて「かくれんぼチャンピオン」として称えましょう。

曲は2番までですが、オリジナルの3・4番を作って役柄を増やしてみましょう。いぬやうさぎなど、子どもたちになじみのある動物を登場させても楽しいです。オリジナルの展開を工夫してみましょう。

※かくれんぼの場面では…

※いぬは、セットの後ろからしっぽを出す。

※うさぎは、セットの後ろから頭を少し出して、耳を見せる。

大道具・衣装の作り方

隠れ場所（書き割りボード）の作り方

家を1つ、草を2つ作る。人数が多い場合は増やす。

家　材料…段ボール板

❶ 段ボール板を切り、色を塗る。
❷ 裏側に支柱を付ける。
❸ 子どもが座ったときの高さにする。

ワンポイント

* セットのサイズは人数に合わせて決めましょう。幅1mで、子ども4人が並んで座れます。
* 隠れ場所は、しっかり隠れなくてもOK。子どもたちの姿がチラチラ見えたほうが、観客は喜びます。

草　材料…段ボール板、スズランテープ

❶ 段ボール板を切り、色を塗る。
❷ 裏側に支柱を付ける。支柱の間を切り取る。
❸ スズランテープを貼る。

テープの間から足が出るようにする

衣装の作り方

帽子　材料…布（伸縮性のあるもの）、フェルト、動眼（基本の帽子の作り方は13ページ参照）

❶ 伸縮性のある布を2枚用意する。
❷ 縫って表に返す。
❸ くちばしと目（動眼）を付ける。
❹ できあがり。

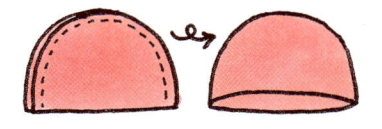

ひよこ…本体／黄色、くちばし／オレンジ
すずめ…本体／茶色、くちばし／黄色

羽織　材料…不織布、綿ロープ100cm、裏地用の布（基本のスモックの作り方は12ページ参照）

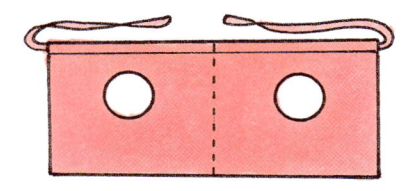

❶ 基本のスモックを作る。
❷ スモックと同色の裏地用の布に切れ目を入れてフリンジを作る。
❸ フリンジをスモックの袖口に縫い付ける（手芸用ボンドで貼ってもよい）。

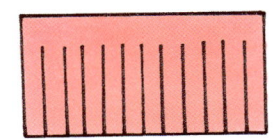

❹ できあがり

普段上履きをはいていない場合は、滑り止め付きの靴下をはく。

ワンポイント

* 羽をフリンジにしたのは、手に何かを付けるのを嫌がる子がいるためです。スモックに付いていれば、着脱も簡単です。
* ひよこは黄色なので、そのままで十分に映えますが、すずめは茶色で地味なので、フリンジを3色（こげ茶、薄茶、白）重ねると華やかになります。

おつかいありさん

ありさんになりきって、上手におつかいに行けるかな。ちょこちょこと動く姿がかわいいので、低年齢児にぴったりです。

関根 栄一 作詞　團 伊玖磨 作曲

日常のあそび

1 宝探しあそび

● 遊び方 ●

0・1歳児はみんなで！
大きな袋やかごを用意して、見つけた物をまとめて入れます。

2歳児は一人ひとりで！
ビニール袋や容れ物を人数分用意しましょう。月齢の低い子やなかなか見つからない子には、保育者がさりげなくヒントを与えたり、「こんなところにあったね」といっしょに見つけてあげましょう。
あそびのあとは、見つけたものを「みんなのもの」として集めて、食べるまねっこあそびに発展させましょう。

段ボール板や厚紙でビスケットやクッキーを作ります。それを保育室のあちらこちらに隠して、みんなで宝探しをしましょう。
すぐに見つけられる簡単な場所から始めて、慣れてきたらだんだん難しくします。お菓子だけでなく、子どもたちが好きな果物でもOK。「どこにあるかな？」と言いながら楽しく探しましょう。見つけたら「あった〜」と元気に叫ぶと盛り上がります。

お菓子＆くだものボードの作り方

材料…画用紙、段ボール板または厚紙、図書フィルム

❶ 画用紙に絵を描く。貼り絵にしてもよい。

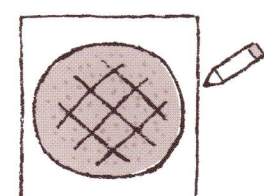

❷ 絵を切り抜く。

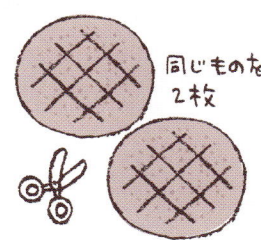

同じものを2枚

❸ 切り抜いたら、間に段ボール板または厚紙を挟んで貼り合わせる。

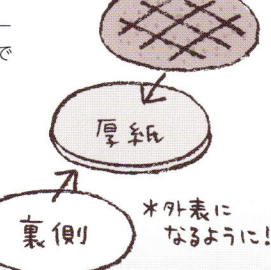

＊外表になるように！

❹ 完成！　大きめに作るとかわいい（目安は直径30cmくらい）。最後に図書フィルムを貼って仕上げるとよりきれい。

日常のあそび　❷ ありさん変身あそび

ありさん帽子をかぶって、ありさんに変身しましょう。はじめは保育者が先頭になって、そのあとをぞろぞろついて歩きます。慣れてきたら、ありさんになって自由に歩いてみましょう。
※ありさん帽子の作り方は31ページ参照。

ワンポイント

＊2歳児なら、マットや積み木を組み合わせて作った坂道や平均台の橋を渡る"冒険コース"に挑戦してみましょう。「慌てないでね」と声かけをして、歌のイメージをふくらませましょう。

● 遊び方 ●

初級編
先頭の保育者のあとを、ぞろぞろついて歩きます。

中級編
一人ひとり自由に歩いてみましょう。

上級編（冒険コース）
平均台、積み木、マット、フープなどの用具を使った冒険コースを作って楽しみましょう。

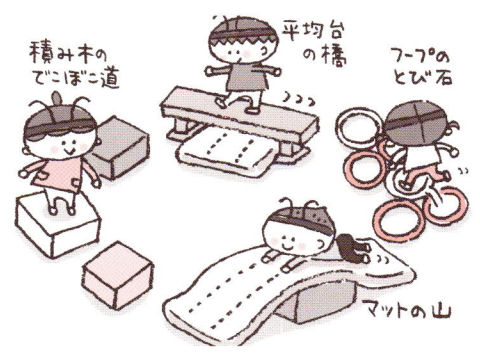

日常のあそび

3 おつかいありさんごっこ

日常のあそび１と２を合わせて、おつかいごっこに発展させましょう。なにを“おつかい”するか忘れないように、買う物の絵を描いた“おつかいカード”を首から下げます。
※ひもは危険なので、紙テープを使いましょう。

ただいまー
おつかい
お願いね
はーい
行って
きまーす
あった
ぞー!!

遊び方

保育者がお母さん役になって「これを買ってきてね」と、子どもの首に“おつかいカード”をかけてあげましょう。

子どもたちは宝探しの要領で頼まれたものを探してきます。見つけて持って帰ってこられたら、「おつかい、ごくろうさま」とねぎらいましょう。

探す場所や歩くコースは、子どもたちの歩くレベルに合わせて設定しましょう。

ワンポイント

＊子どもの発達に合わせて、なにを探すか保育者が判断しましょう。
月齢の小さい子→簡単に見つかるもの
月齢の大きい子→見つけにくいもの

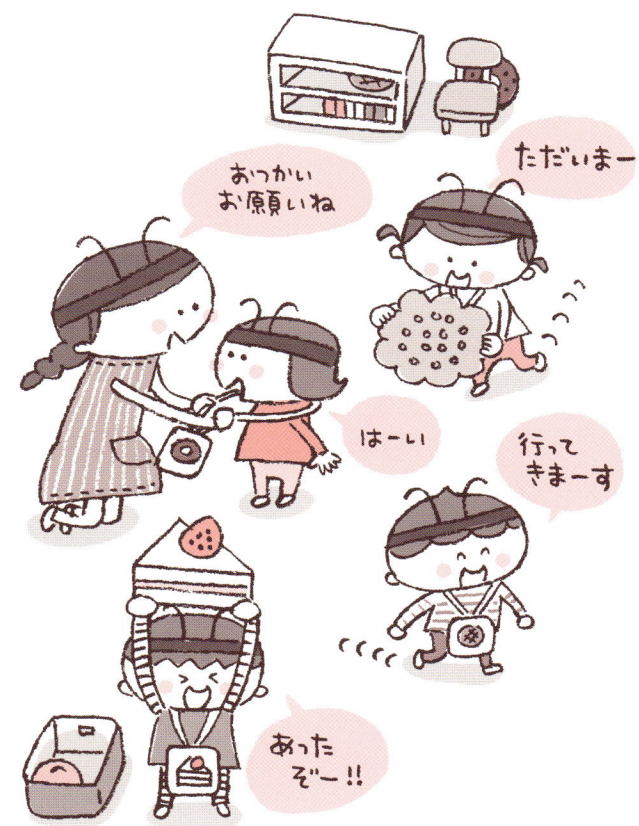

おつかいカードの作り方

材料…画用紙、紙テープ

❶ はがきサイズの画用紙を用意する。

角を丸く
切る

❷ カードに絵を描く。

❸ カードに穴を開け、紙テープを通す。

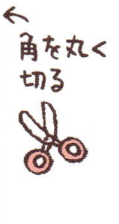

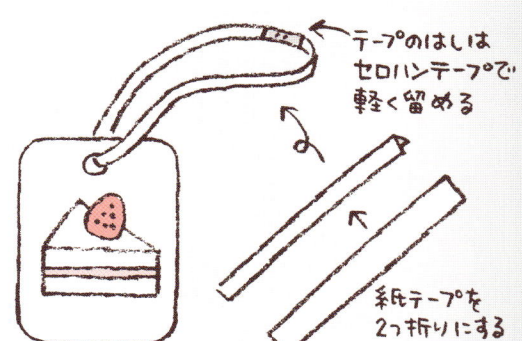

テープのはしは
セロハンテープで
軽く留める
紙テープを
2つ折りにする

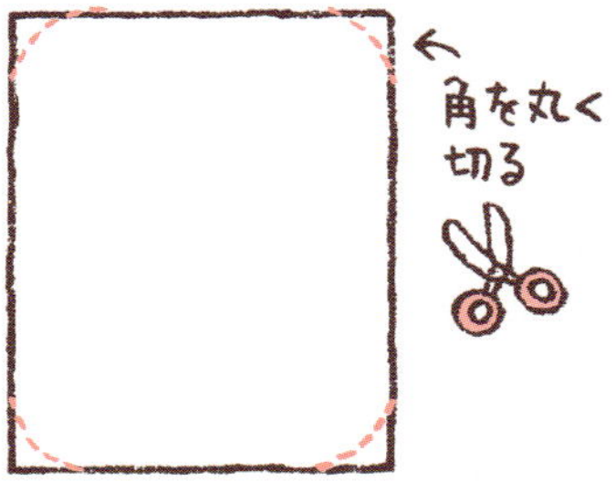

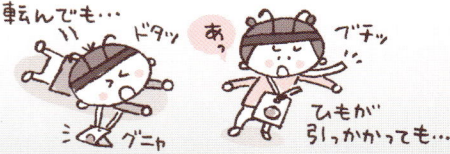

転んでも…
ドタッ
グニャ
あっ
ブチッ
ひもが
引っかかっても…

ワンポイント

＊カードはあえて壊れやすいようにしておきましょう。
＊子どもが転んだり、ひもが引っかかったとき、丈夫なカードは危険です。

「おつかいありさん」振り付け

1番

①あんまり いそいで

走っているポーズをする。

②こっつんこ

グーにした手で、自分の頭をゴツンと打つ。

③ありさんとありさんと こっつんこ

①を繰り返し、「こっつんこ」で②と反対の手で頭を打つ。

④あっちいって

①と同じ（2拍）。

⑤ちょんちょん

両手の人さし指でちょんちょんとつつくしぐさをする。

⑥こっちきて

①と同じ（2拍）。

⑦ちょん

⑤と反対側に1回ちょんとつつくしぐさをする。

2番

①あいたた

パーにした片手で頭を押さえる。

②ごめんよ

両手で頭を押さえる。

③そのひょうし

②のポーズでひざの屈伸を2回する。

④わすれた わすれた おつかいを

腕組みのポーズで、左右に2回ずつ揺れる。

⑤あっちいって

ちょんちょん

こっちきて

ちょん

1番の④〜⑦を繰り返す。

さあ、発表会

「おつかいありさん」シナリオ

〈配役〉 あり　進行役（保育者）　補助役（保育者）　付き添い役（保育者）

ねらい
まねっこあそびを通して、コミュニケーション力を育てる

〈舞台設定〉
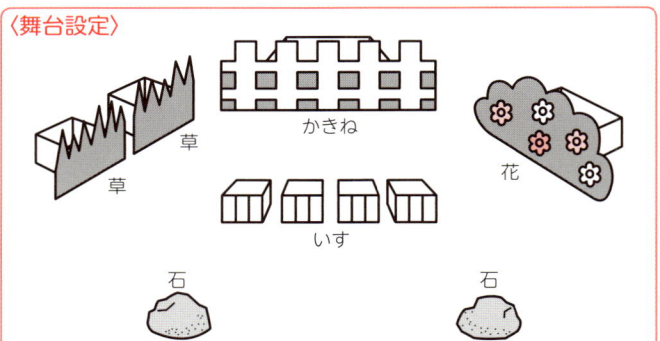

3つのセットの裏が、舞台上の待機場所になる。

言葉・動きの中心となる役	進め方・配置・動き・せりふ
進行役（保育者）	進行役、舞台下手はじに登場。あり、補助役、付き添い役は上手袖に待機。　　　………① 「みなさん、こんにちは。きょうもいい天気ですね」 観客に挨拶をしてから。 「ここは虫の国、ムシムシランドです。こんな晴れた日は、みんな元気に動き回っています」 上手を見ながら、 「ほら、向こうからありさんがやってきましたよ」　………② 子どもたち（あり）登場。首におつかいカードを下げている。　　　………★
進行役（保育者） あり 進行役（保育者） あり 進行役（保育者）	「こんにちは」 「こんにちは」 「みんなは、どこに行くのかな？」 「おつかい」 「では、なにを買いに行くのか、1人ずつ聞いてみましょう」 進行役は子どもの名前を順番に呼んで、前に誘導する。補助役は、他の子をまとめて座らせる。　　　………★③
進行役（保育者） あり（指名された子ども）	「○○ちゃんは、なにを買うのかな？」 例）「ビスケット」 子どもが答えられないときは無理にしゃべらせず、観客にカードを見せながら、「○○ちゃんは、ビスケットを買いに行くそうです」など、子どもに代わって答える。 グループ全員が答え終わったら、舞台前方に並ばせる。

①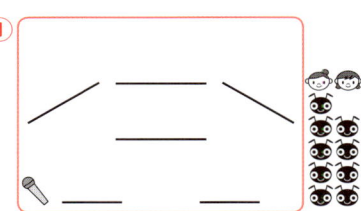

②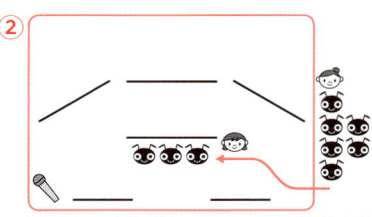

子どもの人数が多い場合は、補助役を増やす。

★ ワンポイント
子どもの人数が多い場合や月齢差が大きい場合は、月齢別に2～3人のグループに分けて、順番に登場させると把握しやすくなります。保育者は出番のグループの付き添い役と、待機グループの補助役に分かれましょう（各1名）。

★ ワンポイント
小さい子は全員いっしょに座らせた方が落ち着きます。しゃべるときは、その場で立たせましょう。

③

1人ずつ前に出て話し、終えたら戻る。

進行役（保育者）	「みんな、気をつけて行ってきてね」	
あり	「はーい」	………④

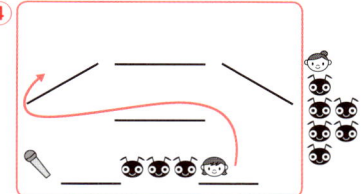

進行役（保育者）＆観客	このとき、観客に声をかけていっしょに言ってもらう。「いってらっしゃーい」	
子ども全員	「いってきまーす」	
	子どもたち、手を振りながら、舞台上を歩き回る。	………★

★ **ワンポイント**
グループが複数ある場合は、Ａグループはせりふのあと舞台上の待機場所へ行きます。その後Ｂグループが登場し、同じやりとりを繰り返します。すべてのグループが登場したら、全員で歩き出しましょう。

進行役（保育者）	「ありさんたちは、ちゃんとおつかいできるかな」	
	セットの裏に、あらかじめお菓子ボードや果物ボードを隠しておき、それを子どもたちに探してもらう。	………⑤
	進行役は子どもたちの様子を実況中継する。	
	付き添い役と補助役は子どもたちのフォローをする。	

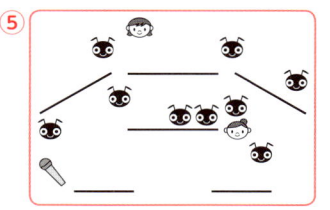

0・1歳は保育者が誘導。2歳児は本当に探してもらうと盛り上がる。

進行役（保育者）	例）「けんちゃんありは、ビスケットを見つけたようですよ。あみちゃんありもがんばって探しています。あれ、しょうくんありは、手を振っています。ママを見つけたようですね。おつかいも、がんばってねー」
	子どもたちが探している間、BGMに「おつかいありさん」の歌を小さい音で流す。音が大きいと、実況中継や、子どもたちのつぶやきが聞こえないので注意。
	探し物が見つかった子は、補助役が中央のいすに座らせる。なかなか見つけられない子は、付き添い役がフォローする。時間がかかり過ぎると子どもたちの集中力が切れるので、探す時間は2～3分が目安。
	全員が探し終わったら、舞台前方に整列。

進行役（保育者）	「みんな、おつかい、上手にできましたか？」	
子ども全員	「はーい」	
進行役（保育者）	「では、おつかいしたものを見せてくださーい」	………⑥
	子どもたちは、お菓子＆果物ボードを観客に見せる。	
進行役（保育者）	「やったね！ すごーい！ おつかい、大成功だね。みなさん、ありさんたちに拍手」	
	観客に拍手を求める。	
全員	「おつかいありさん」をうたう。うたい終えたら、幕。	

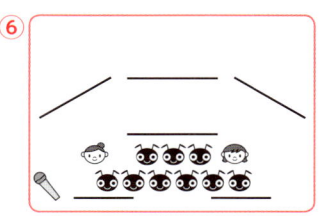

> **小さい子向け**
アレンジのポイント

存在感で勝負！
舞台に登場するだけでかわいいのが小さい子の特権です。しゃべらなくても、動かなくても、参加するだけで十分。なにかできたらラッキーだと思いましょう。「今日は調子が悪いな」と思ったら、無理をせず、切り上げましょう。

例）
舞台登場
↓
探す
↓
歌う

3ステップで終了

> **大きい子向け**
アレンジのポイント

物語を演じてみよう
進行役がお母さんあり役になり「お母さんがおつかいを頼む」というストーリー仕立てにしてみましょう。

例）
母ありが子どもを呼ぶ ─┐
↓   │
子ども登場   │ オープニングとおつかい
↓   │ を頼む場面をアレンジ
個々の子どもに頼む   │
（カードを首にかける）─┘
↓
子どもたち出発
↓
探す・見つける
↓
帰ってくる
↓
フィナーレ（歌・踊り）

大道具・衣装の作り方

書き割りボード（草・花・かきね・石）の作り方
材料…段ボール板、段ボール箱、色画用紙

❶ 段ボール箱を開いて板状にする。

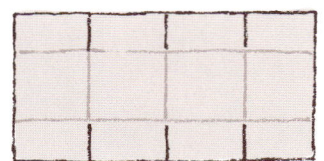

❷ それぞれの形に切って色を塗る。色画用紙の草を貼ってもよい。

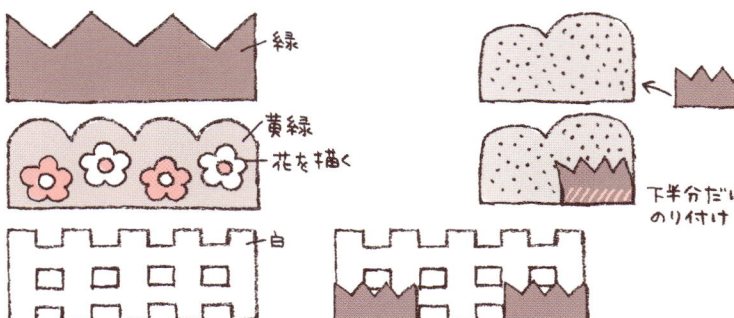

❸ 裏側に段ボール箱を貼り付ける。

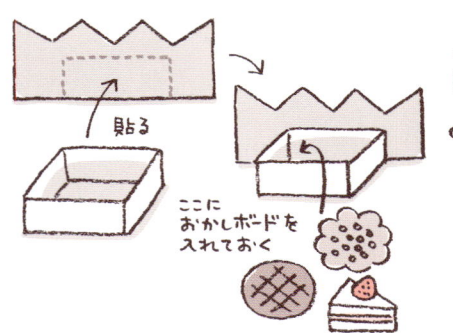

❹ 完成

> **ワンポイント**
> * 0・1・2歳児用のセットは、高さに注意しましょう。子どもの身長より高いと、子どもが小さく見えて舞台映えしません。でも、低すぎると、またいで通ろうとして転ぶ可能性もあります。セットの高さは身長の半分（後ろに座ると隠れるくらい）が目安です。

いすの作り方　材料…牛乳パック、カラービニールテープ、フェルト

牛乳パックで作るスツールです。耐久性があり、ままごとや絵本を読むときなど、普段も活躍します。

❶ 牛乳パックを補強する。　　❷ 補強したパックを束ねる。　　❸ 座面にフェルトを貼る。　　❹ 完成

本番当日は、いすが動かないように舞台にガムテープなどで固定しておきましょう。

積み木を応用してもよい
横長の積み木を置いて、いす代わりにします。やわらかい素材の積み木がおすすめです。移動が楽で、転げ落ちる危険性も少ないので、小さい子向きです。

ワンポイント
＊普段使っている乳幼児用のいすは、脚につまずいたり倒したりすると危険なので不向きです。0歳児なら、いすではなくカーペットやマットを敷いて座るほうが落ち着くかもしれません。

衣装の作り方

ベスト付きスモック
（基本のスモックの作り方は12ページを参照）

基本のスモックを作るときに、黒い布に黄色い布を重ね合わせる。

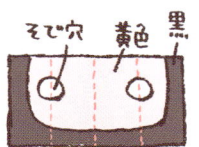

カラフルにしたい場合はベスト部分（黄色）をいろいろな色にする。

ありさん帽子
材料…厚紙、輪ゴム、画用紙（黒）、モール（黒）、フェルト

❶ 厚紙と画用紙を切って、貼り合わせる。

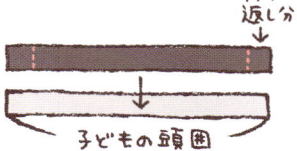

❷ お面の帯を作り、輪ゴムを留める。

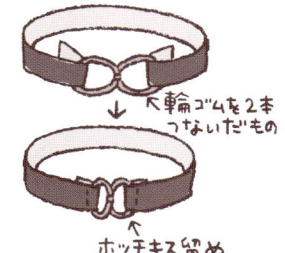

❸ モールで触角を作る。

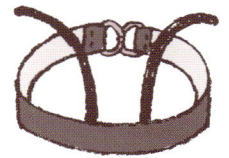

裏側からホッチキスやセロハンテープで留め、肌に当たるようなら、その上からフェルトを貼る。

保育者は……
＊衣装は普段どおりでOK。

例：エプロン＋ジャージ（ただし、舞台上で目立ちすぎるので、黒はNG。やさしい色合いの衣装に）

＊ありさん帽子（作り方は子ども用と同じ）

＊進行役は蝶ネクタイ＋本物のマイク

ワンポイント
＊子どものかわいさを強調したいなら、シンプルイズベストを心がけましょう。

＊小さい子は慣れない衣装を嫌がるものです。普段からときどき着せて、「かわいいね」とほめてあげましょう。

＊お面の帯が苦手な子は、普段かぶっている帽子の上から着用するとスムーズにいくかもしれません。

ワンポイント
＊保育者は目立たないようにしても、やっぱり目立ちます。堂々と出演して、役になりきりましょう。子どもたちも安心します。

ぶんぶんぶん

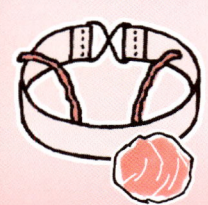

ちびっこみつばちさんたちが、花粉やみつを集めます。誰が上手に集められるかな？　水あそびにも広がって、楽しさ倍増です。

村野 四郎　作詞　　ボヘミア民謡

1. ぶん ぶん ぶん　はちがとぶ　おいけのまわりに
2. ぶん ぶん ぶん　はちがとぶ　あさつゆきらきら

のばらが さいたよ ぶん ぶん ぶん　はちがとぶ
のばらが ゆれるよ ぶん ぶん ぶん　はちがとぶ

日常のあそび

1 花粉集めごっこ

身近にあるボール（玉入れの紅白玉がおすすめ）を花粉に見立てて、集めるあそびです。最初は床にばらまいて拾い集めましょう。上手に拾えるようになったら、部屋のあちらこちらに隠して探すのも楽しいです。拾ったボールは大きなビニール袋に集めて"紅白大玉"にして、大玉転がしあそびに発展させてもよいでしょう。

ばらまき集めバージョン

花粉探しバージョン

ビニール大玉転がしバージョン

0・1歳児はみんなで！

保育者が大きなビニール袋を持ち、子どもたちは拾ったボールを入れていきます。そのとき、袋を2枚用意して、「これは赤」「こっちは白ね」と色別に分けさせて、色の認識力を育てましょう。

2歳児は個人戦

一人ひとりにボールを入れる容れ物を持たせ「誰が一番たくさん集められるかな」と声かけして競争しましょう。月齢の低い子には、保育者がさりげなくフォローします。最後はボールの数をみんなでいっしょに数えましょう。一番多かった子が"花粉集めチャンピオン"です。

日常のあそび ❷ はちみつ運び競争 （1・2歳児向き）

おもちゃのバケツを持って走っていき、折り返し地点に置いたかごの中のボールをバケツに入れて持ち帰るあそびです。走る早さよりも、落とさないでたくさん運ぶ競争です。スタート地点がゴールになるので、迷わずに折り返すことができるかがポイントです。

ワンポイント
* 1歳児は自分でバケツにボールを入れるのは難しいので、折り返し地点に保育者が待機し、ボールを入れてあげましょう。
* 2歳児は赤チームと白チームに分かれて、バケツをバトンにしてリレーにしても盛り上がります。赤チームは赤玉、白チームは白玉を運びます。全員が早くゴールしたチームの勝ちです。

● 遊びかた ●

バケツの作り方
材料／ビニールテープ、牛乳パック、スチロール容器、ペットボトルなど

❶ 牛乳パックを切り開き、短冊状に切る（持ち手用）。

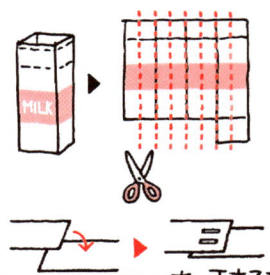

❷ スチロール容器ならそのままでOK。牛乳パックやペットボトルなら下から15cmで切って、切り口にビニールテープを貼る。

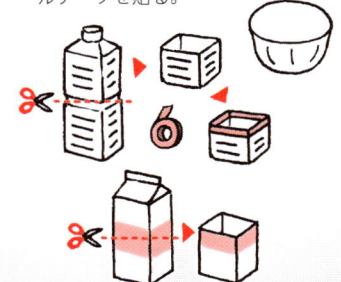

❸ ①の短冊を②に付ける。

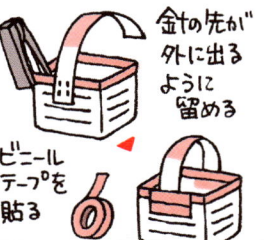

❹ 油性ペンで模様を描く。名前も書いてあげる。

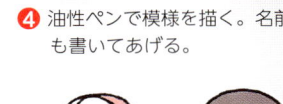

ワンポイント
その他、いちごパックや空き箱など、ある程度深さのあるものならOKです。

1歳児はみんなで！
走ってきた子どもにボールを手渡すか、バケツに入れてあげましょう。

2歳児はチーム戦
ボールは決めた数を運びます（1～3個）。ゴールしたら、ボールをかごに入れ、バケツを次の子に渡します。

日常のあそび ❸ はちみつ運び競争　（屋外バージョン2歳児向き）

> バケツに本物の水を入れて運びます。気温が高くなる5～8月ごろがおすすめ。水を入れた普通サイズのバケツを2～3個用意して、そこから、手作りバケツでビニールプールに水を運びます。競争ではなく、全員で協力する集団あそびです。プールの水がいっぱいになったら、みんなで水あそびを楽しみましょう。

① 子どもたちは身支度をし、手作りバケツ（33ページ参照）を持って集合。

② 進行役保育者が「あれぇ、からっぽだねぇ」と、空のプールを見せる。

③ 別の保育者が水場に待機。進行役の合図で、「みんな、こっちにはちみつがあるよ。おいで」と呼ぶ。

④ 子どもたちが水場に移動したら、水の入ったバケツを見せ「このはちみつを、みんなで運んで"はちみつのお池"を作ろう」と提案し、手作りバケツで水をくんで見せる。最初は手を添えてやり方を教え、あとは自由にやらせる。月齢の低い子やうまくできない子は保育者が補助する。補助役の1人がいっしょに水を運ぶ。

⑤ "はちみつのお池"がいっぱいになったら、水あそびを楽しむ。

水場から離れるほど難易度が上がる。

ワンポイント
＊ 基本ははだしですが、ビーチサンダル等をはいてもかまいません。プールに入る前には足を洗います。
＊ バケツの水は保育者が補充します。
　例）バケツを水道のそばに置き、ホースで水を入れる。

ワンポイント
＊ 子どもたちだけでプールを満杯にするのは難しいので、少し水がたまってきたら「どれくらい、たまったかな」とみんなでプールに入ってみましょう。パチャパチャ歩き回って、水の気持ちよさを感じると「もっと、いっぱいにしよう」という意欲につながります。もちろん、無理にいっぱいにする必要はありません。運ぶことを楽しみましょう。
＊ 水が苦手な子には無理強いせず、他の子どもや保育者が楽しんでいる姿を見せて、興味をもたせましょう。
＊ 日ざしが強い場合は、帽子をかぶったり、日陰で休むなど熱中症に注意しましょう。
＊ ぬれてもよい服装で。バケツは人数分必要なので、手作りしましょう。

さあ、発表会
「ぶんぶんぶん」シナリオ

〈配役〉 
赤チーム　白チーム　黄色チーム　進行役（保育者）　補助役（保育者）

ねらい
友達や保育者といっしょに、表現や製作することを楽しむ。

〈舞台設定〉
バラ（赤）　バラ（白）　バラ（黄色）　池

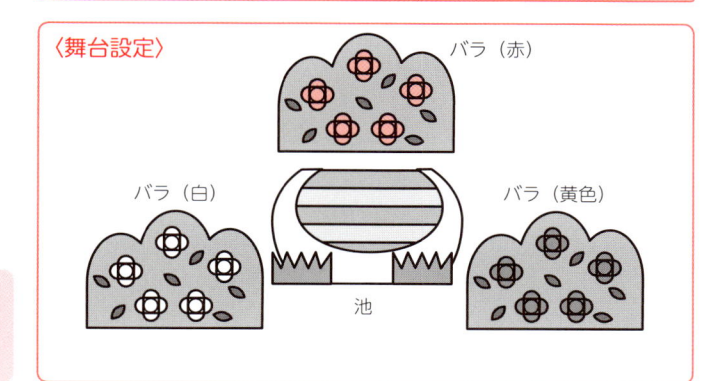

セットの配置は、舞台の形や広さに合わせて調整しましょう。

言葉・動きの中心となる役	進め方・配置・動き・せりふ
	舞台上に池とバラの茂みのセットを配置。子どもたちは2～3のグループに分かれて上手袖で待機。補助役もいっしょに待つ。
	進行役、舞台下手から忙しそうに登場。舞台中央をうろうろしながらひとりごとを言う。　………①
進行役（保育者）	「ああ、忙しい忙しい。もうすぐお祭りが始まるのに、早くしないと、準備が間に合わないわ…。あら、みなさん」
	進行役、観客に気がついて、慌てて挨拶をする。
	「はちみつ祭にようこそ！　これから、かわいいちびっこみつばちさんたちが花粉とみつを集めに行くところなんですよ。ちょっと、呼んでみましょう」
	進行役、舞台上手に向かって呼びかける。
進行役（保育者）	「ちびっこみつばちさーん」
子ども全員	「はーい」
	子ども全員バケツを持って登場。それぞれのグループにまとまって舞台中央前方に並ぶ。　………②
進行役（保育者）	「みんな、がんばって花粉やみつを集めてね」
子ども全員	「はーい」
進行役（保育者）	「がんばるぞー」
子ども全員	「オーッ」
	子どもたち、舞台上を飛び回り、バラの茂みのセットに用意しておいた花粉ボールをバケツに入れていく。チームごとに色を決めておくが、違う色を入れてもかまわない。補助役は、子どもたちがスムーズに動けるように誘導したり、声かけをしたりする。　………③
	BGMに「ぶんぶんぶん」の曲を流す。進行役は個々の子どもの動きを見て、実況中継をする。

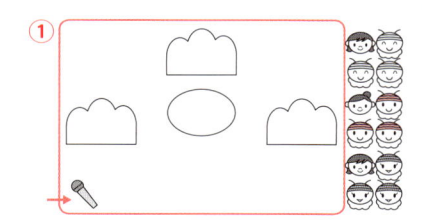

花粉ボールは、セットの花の中や裏の支え兼物入れの中に入れておく。みつばちたちは、自分でバケツに入れたり、補助役が渡す。

言葉・動きの中心となる役	進め方・配置・動き・せりふ
進行役（保育者）	例）「○○くんみつばちは、もうバケツからこぼれそうですよ」 「△△ちゃんみつばちは、ちょっと疲れちゃったかな。がんばれ」 進行役・補助役は子どもたちの様子を見て、ちょうどよい頃合いを見計らって、集合の合図を出す（２～３分が目安。長すぎると飽きるので注意）。 「さあ、たくさん集められたようですよ。ちょっと見せてもらいましょう。ちびっこみつばちさん、集まれー」
子ども全員	「はーい」 子どもたち、舞台中央前方に集まる。
進行役（保育者） 赤チーム	「では、赤チームさん、バケツの中を見せてください」 ……④ 「はーい」 赤チーム、前列に並ぶ。進行役、個々の子どもにバケツの中を見せてもらいながら声かけをする。他のチームも同様に進める。人数が多い場合は、終わった子から順に後ろに下がり、セット前で待機。補助役が付き添う。全員の披露が終わったタイミングでケーキ登場。 ……⑤
進行役（保育者）	「では、みんなでケーキに花粉を飾りましょう！」 みんなで、バケツの中の花粉をケーキの裏面に貼り付けていく。ケーキにはあらかじめ、両面テープを貼っておく。飾り付けが終わったら、ケーキをぐるっと回して裏側を見せ、ケーキの前に整列する。 ……★ 「どうですか、みなさん。すてきなケーキが完成しました。がんばったちびっこみつばちさんに拍手」 観客に拍手をしてもらう。 「さあ、みんなでいっしょにうたいましょう」 ……⑥
全員	全員で「ぶんぶんぶん」をうたい、踊る。うたい終えたら、幕。

④ 各グループごとに前に並び、インタビューをする。終わったら後ろに下がり、次のグループと交代する。

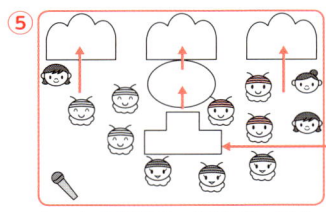

⑤ セットの移動は、先にインタビューが終わったグループの補助役が担当。２歳児なら、子どもたちにもいっしょに手伝ってもらう。

★ **ワンポイント**
* ケーキはリバーシブルなので、完成したら回して裏側も見せましょう。そのとき、子どもたちはぶつからないように端によけて、回転が終わったら整列します。
* 舞台が狭い場合は、バラ＆池のセットを舞台から下ろしたあとで、ケーキを出します。

小さい子向け アレンジのポイント

とにかく短時間で勝負

低年齢児は集中力がないので、時間が長引くと機嫌が悪くなりがち。やりとりは省略して、花粉を集める場面と、ケーキを作る場面をメインにしましょう。かわいい姿を見てもらうだけでも十分です。

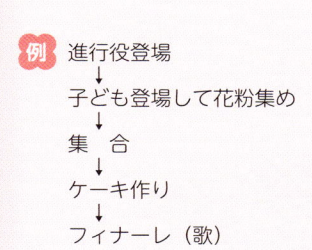

例
進行役登場
↓
子ども登場して花粉集め
↓
集　合
↓
ケーキ作り
↓
フィナーレ（歌）

大きい子向け アレンジのポイント

せりふを言ってもらおう！

チームごとに登場したときにせりふを言ってもらいましょう。例えば「ぼくたちはみつばちだよ」「ちびだけど働きもの」「お仕事がんばるぞ」など、みつばち役になりきって演じてもらいましょう。みんなで言ってもいいし、月齢の高い子なら１人で言ってもよいでしょう。

「ぶんぶんぶん」振り付け

1番

①ぶん　ぶん　ぶん　はちが　とぶ

両手を広げて、歌詞に合わせてはばたくしぐさを6回する。

②おいけの　まわりに　のばらが　さいたよ

その場で、かけ足でひと回りする。

③ぶん　ぶん　ぶん　はちが　とぶ

①と同じ動作を繰り返す。

大道具・小道具・衣装の作り方

セットの作り方

バラの茂み　材料…段ボール板、段ボール箱、牛乳パック、色画用紙

❶ 段ボール板で土台を作る。
　120〜150cmくらい／100cmくらい
　支え兼物入れ箱　ここに花粉ボールを入れる

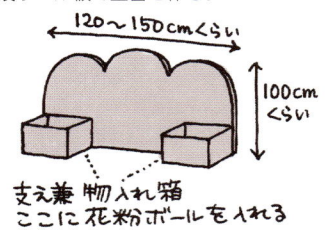

❷ 牛乳パックで花を作る（各色5〜6個くらい）。
　切れ目を入れる　約15cm　→　の部分を切る　→　色画用紙の花びらを貼る　→　花粉ボールを入れる
　切れ目まで開き角を切りとる

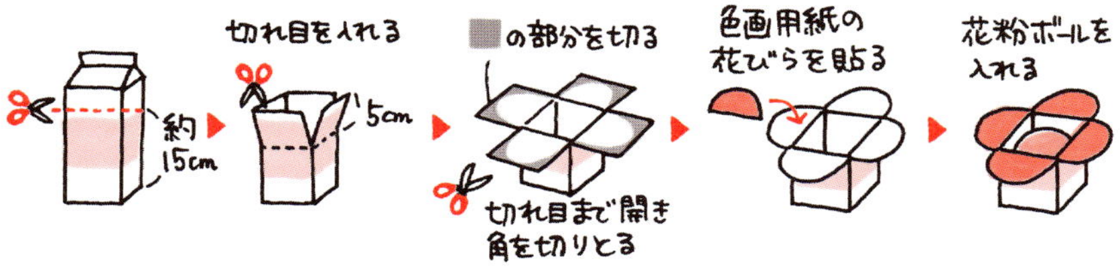

❸ 土台に色を塗り、②の花を貼る。
　花の底に両面テープを付けて、土台に貼る。付きが悪いときはボンドで貼る。

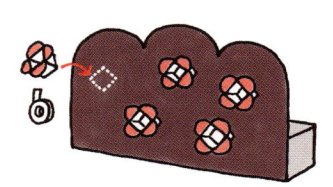

❹ 花のすき間に色画用紙で作った葉っぱを貼り、花に花粉ボールを入れる。
　花粉ボール

池　材料…段ボール板、段ボール箱、裏地布

❶ 段ボール板で池の枠を作って色を塗り、裏側に段ボール箱を貼り付ける。
　90〜100cm／100〜150cm　支え兼物入れ

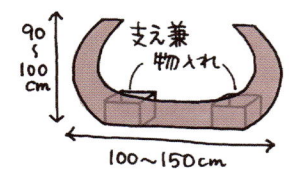

❷ 裏側から青い裏地布を帯状に貼る。 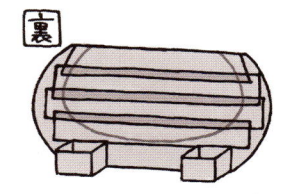
　裏
　水を表現する裏地布は、青と水色のグラデーションにするときれい！

❸ 段ボール板で作った草を表側に貼る。
　表

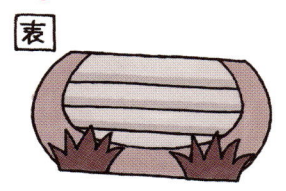

ワンポイント
池は、劇の進行上はなくてもかまいませんが、歌詞に出てくるので、あったほうがストーリー的に盛り上がり、舞台映えします。

ケーキ　材料…段ボール板、和紙（障子紙）

❶ 段ボール板で土台を作る。
　約150cm／約150cm

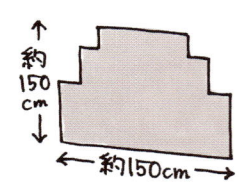

❷ 和紙を貼る。
　リバーシブルにするなら、表、裏の両方に和紙を貼る。 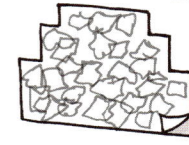
　はじめにボンドで一面に貼り、その上からちぎった小さい紙をクリームのように少し浮かせて貼る。
　あとで、すき間に両面テープを貼る。

❸ 脇に支柱を取り付ける。
　和紙を貼る　段ボール板
　ケーキの1段目と同じ長さ
　三角柱にする　ボンド　ケーキ土台
　ケーキのはしをはさみこんで立てる

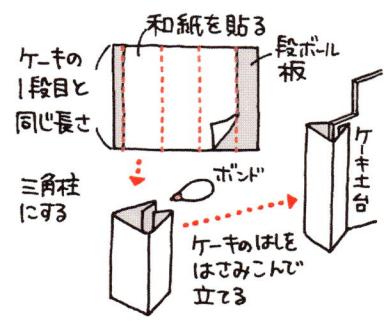

❹ 段ボール板で作ったいちごやチョコプレートで飾り付ける。
　段ボール板　貼る

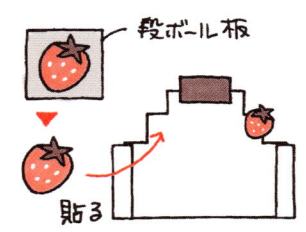

ワンポイント
＊本番では、あらかじめケーキに両面テープを付けておき、そこに子どもたちが花粉ボールを貼ります。
＊両面テープは、子どもの手が届く所だけではなく、あえて届かない箇所にも貼り、踏み台（ソフト積み木など）を使ったり、保育者がだっこしたりして、貼ることを楽しみましょう。

ワンポイント

* ケーキのどこにどの色のボールを貼るかは、子どもたちに任せましょう。自由に作る姿を見てもらうことが大切です。
* 飾り付けのいちごやチョコプレートを子どもたちに貼ってもらっても、盛り上がります。
* より豪華にしたいなら、段ボール箱を重ねた立体的なケーキもおすすめです。

※ケーキは段ボール箱や、おかしなどの空き箱に、和紙を貼り、積み重ねて立体にしてもよい。

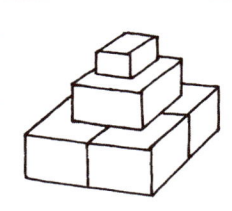

ボンドや両面テープで留めてもよいが、バラバラのままで積み木のように作るところを見せても盛り上がる。（2歳児向き）

花粉ボールの作り方

お花紙の花粉ボール
材料…お花紙

❶ お花紙を5〜6枚重ねて、じゃばら折りする。
❷ 半分に切り、それぞれ中心をホチキスで留める。
❸ 開いて花を作る。
❹ 2つを貼り合わせる。

市販のボールの花粉ボール
市販のカラーボールや玉入れの紅白ボールを使えば、準備が不要で、耐久性もあるので、何度も付けたりはがしたりして楽しめます。

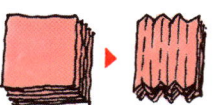

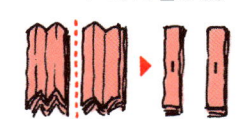

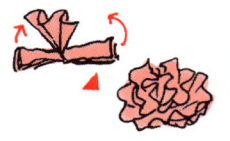

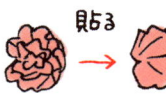

紙の花粉ボール 〈子どもも参加バージョン〉
材料…新聞紙、色紙、包装紙、ラップ

❶ 新聞紙を丸めてボールを作る。
❷ 色紙や包装紙で包む。
❸ 食品用のラップで包む。
❹ できあがり。

毛糸の花粉ボール
材料…極太の毛糸

❶ 極太の毛糸を手に巻き付けて束にする。
❷ 中心をしばり、輪の部分を切る。
❸ 周りを切って整える。

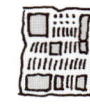

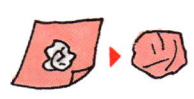

衣装の作り方

ギャザースモック
（基本のスモックの作り方は12ページ参照）　材料…不織布、綿ロープ100cm

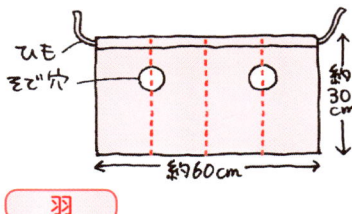

❶ 黄色の不織布で短いスモックを作る。
（ひも、そで穴、約30cm、約60cm）

❷ 黒の不織布に、帯状に切った黄色の不織布を手芸用ボンドで貼り付けて、縞模様にする。

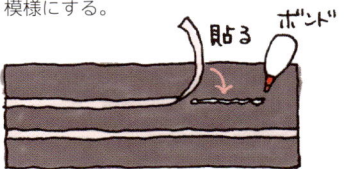

❸ ②にギャザーを寄せ、黄色の不織布に縫い合わせる。
黒の不織布の幅は、できあがり寸法よりギャザー分大きく（+20cm以上）して、ふんわり仕上げる。
（ギャザー、約40cm）

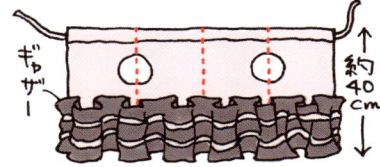

羽

❶ 不織布を2枚切る。
❷ 2枚重ねて中心を縫う。
❸ 綿を詰めて周りをかがる。
❹ スモックの背中に縫い付ける。（羽の先）

みつばち帽子
（31ページの「ありさん帽子」参照。）
（厚紙、子どもの頭囲、テープ、ホッチキス、輪ゴム、完成）

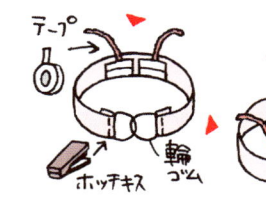

ワンポイント
* スモックの丈は、短めがおすすめです。動きやすいしかわいいです。
* お面の帯が苦手な子は、普段かぶっている帽子の上から着用するとスムーズにいくようです。

保育者は……
* 衣装は普段どおりの服装でOKですが、子どもたちと色を合わせると自然な感じになります。
（例）黄色いトレーナーやTシャツ+黒のパンツ
* みつばち帽子（作り方は子ども用と同じ）

アイアイ

ゆかいなおさるさんになって、うたったり踊ったりして盛り上がろう！
マットやボールを使う運動あそびにも広がって、全身で楽しめます。

相田 裕美 作詞　宇野 誠一郎 作曲

1. アーイ　アイ（アーイ　アイ）　アーイ　アイ（アーイ　アイ）　おさるさんだよ
2. アーイ　アイ（アーイ　アイ）　アーイ　アイ（アーイ　アイ）　おさるさんだね

アーイ　アイ（アーイ　アイ）　アーイ　アイ（アーイ　アイ）　みなみのしまーの
アーイ　アイ（アーイ　アイ）　アーイ　アイ（アーイ　アイ）　きのはのおうーち

アイ　アイ　（アイ　アイ）　アイ　アイ　（アイ　アイ）　しっぽのながい
アイ　アイ　（アイ　アイ）　アイ　アイ　（アイ　アイ）　おめめのまるい

アーイ　アイ（アーイ　アイ）　アーイ　アイ（アーイ　アイ）　おさるさんだよ
アーイ　アイ（アーイ　アイ）　アーイ　アイ（アーイ　アイ）　おさるさんだね

日常のあそび

❶ 運動あそびをしよう

いろいろな用具を使って体を動かすあそびをしましょう。個々の子どもの月齢差や運動能力差に配慮して、無理のないレベルで楽しく参加することが大切です。

・・・やしのみキャッチ・・・

基本は1対1で行います。慣れてきたら大人1人対複数の子ども（3〜4人まで）でもいいでしょう。

「〇〇ちゃん、行くよ」と声かけして、子どもに向かってボールを転がします。上手にキャッチできたら「ナイスキャッチ。上手に取れたね」と声をかけましょう。取ったボールは「〇〇ちゃん、ちょうだい」と言って持ってきてもらいましょう。

1歳後半〜2歳児なら、下から投げてキャッチしたり、子どもに転がしてもらったりしてもよいでしょう。

・・・坂道ごろごろ・・・

マット1枚を丸め、その上にもう1枚重ねて傾斜を付け、坂道を作ります。

坂道の高いほうから低いほうに転がって遊びますが、勢いがつくので、低い側にもう1枚マットを敷くと安心です。

はじめは傾斜をつけずに平らなマットで転がり、慣れたら坂道にすると、苦手な子も挑戦しやすいでしょう。

2歳児の月齢の大きい子なら、平らなマットで前転に挑戦してもよいでしょう。

・・・一本橋渡り・・・

やわらかい素材の積み木を並べて橋を作ります。

はじめは幅を広くして、長さの短い橋を作りましょう。高さは20～30cmが目安です。慣れてきたら、幅を狭くしたり、長くしたりしていきます。バランス感覚を育てるあそびです。

まずは保育者が手をつないで補助をしましょう。慣れたら1人で渡ります。

2歳児なら幼児用平均台、2歳児後半ならデコボコタイプの橋に挑戦してもよいでしょう。その際は、下にマットを敷いて安全対策をしましょう。

（2歳児向き）

（2歳児後半向き）

・・・おさるのブランコ・・・（0～1歳児前半向き）

「高い高い」の応用です。保育者が子どもを「高い高い」して、左右に軽くブーランブーランと揺らします。ゆっくり優しく揺らしましょう。

・・・おさるの鉄棒・・・（1歳児後半～2歳児向き）

「腕鉄棒」などと呼ばれる親子体操です。腕力、握力、脚力などを鍛えます。

大人と子どもが両手をつないで向かい合い、子どもが大人の体に足をかけて、後ろ回りします。はじめはうまくできなくても、何度かやっているうちにコツがつかめます。

> **ワンポイント**
> ＊ 運動あそびは補助が重要です。けがや事故がないように注意しましょう。
> ＊ 無理強いは禁物。運動嫌いの原因になりかねません。保育者やほかの子が楽しく体を動かす姿を見せて、興味をもたせましょう。

日常のあそび **2 うたって踊ろう**

「アイアイ」の曲に合わせて、うたい踊りましょう。保育者との掛け合いで進んでいくので、覚えやすいです。おさる帽子やしっぽを用意して"アイアイ"に変身すると盛り上がります。

「アイアイ」振り付け

1番

①アイアイ[保育者] アイアイ[子ども]
保育者がさるのポーズをし、子どもがまねをする。

②アイアイ[保育者] アイアイ[子ども]
①を繰り返す。

③おさるさんだよ[全員]
両手を広げ、片足で左右に4回跳びはねる。

④アイアイ[保育者] アイアイ[子ども]
アイアイ[保育者] アイアイ[子ども]
①・②を繰り返す。

⑤みなみのしまの[全員]
左右に4拍ずつフラダンスの動きをする。

⑥アイアイ[保育者] アイアイ[子ども]
アイアイ[保育者] アイアイ[子ども]
①・②を繰り返す。

⑦しっぽのながい[全員]
片手をしっぽに見立てて振る。
衣装を着たときは、自分のしっぽを持って振る。

⑧アイアイ[保育者]
アイアイ[子ども]
アイアイ[保育者]
アイアイ[子ども]
おさるさんだよ[全員]
①〜③を繰り返す。

2番

①〜⑥、⑧
1番と同じ。

⑦おめめのまるい[全員]
指で輪を作って片方ずつ目に当て、体を左右に揺らす。

ワンポイント
＊0・1歳児なら、曲のリズムに合わせて体を動かすだけでもOK。自由に踊りましょう。（はねる・手拍子・足踏みなど）

さあ、発表会

「アイアイ」シナリオ

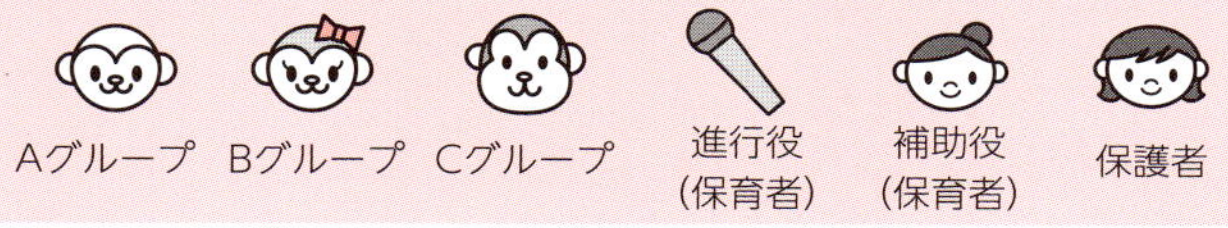

ワンポイント
* 舞台上をジャングルにするつもりで、書き割りや橋を設置します。舞台の広さや形によって配置を工夫しましょう。
* 積み木の一本橋は、茶色や緑のラシャ紙、不織布などで覆うと雰囲気が出ます。
* マットの坂道は固定すると邪魔になるので、使わないときは舞台袖などにおき、使うときに中央に移動するようにしましょう。

ねらい
友達といっしょに、体を動かすことを楽しむ。

〈舞台設定〉
やしの木　一本橋　やしの木
やしの木　　　　　やしの木

〈配役〉 ＊補助役は、A～Cグループに各1人。その他に1人。
Aグループ　Bグループ　Cグループ　進行役（保育者）　補助役（保育者）　保護者

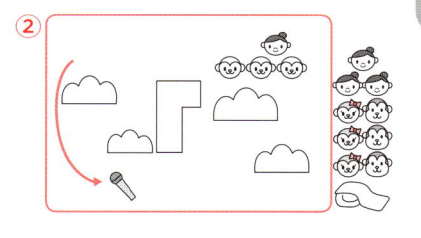

言葉・動きの中心となる役	進め方・配置・動き・せりふ
	舞台上、ジャングルのセット。積み木の橋はあらかじめ設置しておく。マットの坂道は舞台の袖に用意。 子どもたちは、月齢や運動能力を考慮して、2～3グループに分けておく。Aグループ、橋のセットに待機。他のグループは上手袖で待機。進行役はセット裏で待機。……①
	BGM（「アイアイ」の曲だけ）が静かに流れ、ジャングルの奥から進行役が登場。……②
進行役（保育者）	「みなさん、こんにちは。南の島の運動会にようこそ！　今日はみなさんに、いつもちびっこアイアイたちが楽しんでいるあそびを紹介しますね」
進行役（保育者） Aグループ	「最初に紹介するのは、一本橋渡りです。みんながんばってね」 「はーい」
	Aグループ、順番に橋を渡りながら、観客の前に登場。進行役は子どもの名前を紹介する。
進行役（保育者）	「先頭は○○くんです」
	進行役は渡る子どもの実況中継をする。 ＊必ず補助役がそばで見守る。もしも途中で落ちてしまったら、その場所からやり直す。進行役は励ましの言葉をかけて場の雰囲気を和らげる。……③
	例）「みんなが見てるから、ちょっと緊張しちゃったかな。でも、泣かないで、えらいえらい」 「○○くん、ゆっくりいつも通りで大丈夫だよ」 渡り終えたら、ポーズを決める。

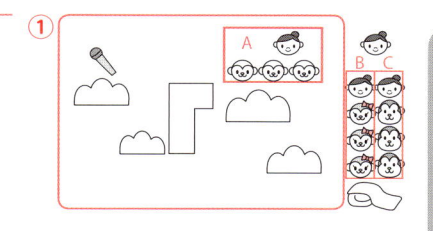

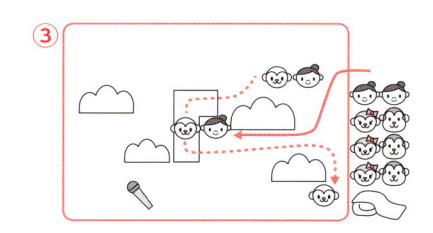

言葉・動きの 中心となる役	進め方・配置・動き・せりふ
	渡り終えた子は脇で待機し、全員そろったら舞台前方に並ぶ。 ……④
進行役（保育者） Aグループ 進行役（保育者）	「みんな上手に渡れましたね」 「がんばりました」 「みなさん、拍手」
	子どもたち、手を振りながら上手に退場。 入れ替わりにBグループ登場。舞台前方に並ぶ。
進行役（保育者） Bグループ	「次は坂道ごろごろです。みんな、がんばってね」 「はーい」
	このやりとりの間に補助役が舞台中央にマットの坂道を用意し、状態を確認。準備が整ったら進行役に合図を送る。……⑤
進行役（保育者）	「では、はじまりはじまり。トップバッターは△△くんです。」 名前を呼ばれた子は、マットを転がる。 転がり終えたら、その場でポーズを決める。 進行役、実況中継。
進行役（保育者）	例）「△△くん、速い速い…ハイ、ポーズ！　かっこいいね」 「よいしょよいしょ、がんばれ○○ちゃん。もう少しだよ。はーい、ポーズ。最後はかわいく決めました」 ＊転がり終えた子は脇で待機し、全員終わったら、前方に並ぶ。 ……⑥
進行役（保育者） Bグループ 進行役（保育者）	「みんな上手にできましたね」 「がんばりました」 「みなさん、拍手」
	子どもたち、手を振りながら上手に退場。……⑦ 入れ替わりにCグループ登場。観客から顔が見える位置に、半円形に並ぶ。補助役がマットを舞台袖に下げ、ボールを用意する。
進行役（保育者） Cグループ 進行役（保育者） 呼ばれた子ども	「次は、やしのみキャッチです。上手にキャッチできるかな？ みんな、がんばってね」 「はーい」 「最初は□□くーん」 「はーい」
	呼ばれた子どもは手をあげて返事をする。

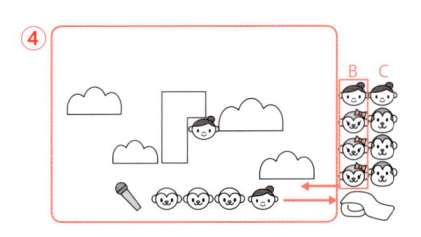

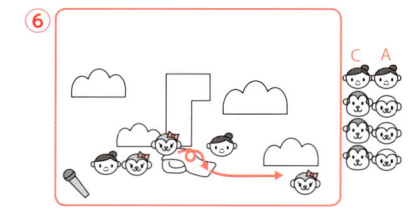

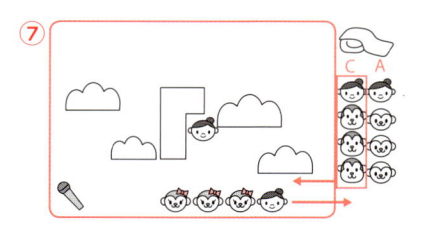

	Cグループの補助役がボールを転がし、進行役が実況中継する。 ……⑧
	ボールをキャッチしたら、ポーズを決める。
	＊ボールはさまざまな大きさを用意し、どれを使うか子どもに選ばせても良い。
	＊キャッチできなかった場合はやり直す。進行役は言葉でフォローする。
	例）「惜しい。もう1回やってみようね」
	終わった子は脇で待機し、全員終わったら舞台前方に並ぶ。 ……⑨
進行役（保育者）	「みんな上手にできましたね」
Cグループ	「がんばりました」
進行役（保育者）	「みなさん、拍手」
	観客の拍手が鎮まったら、
進行役（保育者）	「次は、全員で踊ります。みんな、集まれー」
	上手から、A・Bグループ再登場。
	このとき、セットが邪魔な場合は、さりげなく後ろに下げる。 ……⑩
	子どもたち、舞台上に広がる。補助役がさりげなく立ち位置を調整する。
進行役（保育者）	「みんな、用意はいいかな？」
子ども全員	「いいよー」
進行役（保育者）	「それでは、レッツ・ダンシング」
全員	「アイアイ」を歌い踊る。
	終わったら、
進行役（保育者）	「元気に踊れましたね。みんなで拍手」
	拍手が鎮まったら、
進行役（保育者）	「さあ、みなさん。南の島の運動会もいよいよ最後の種目になりました。おさるのブランコとおさるの鉄棒です。この種目は子どもたちだけではできません。ちびっこアイアイのお父さん、お母さん、出番ですよ。最初はAグループさんのお父さん、お母さん、舞台にお上がりください」
	Aグループの子どもと保護者を前方に並ばせ、他の子どもたちは後ろに待機する。 ……⑪

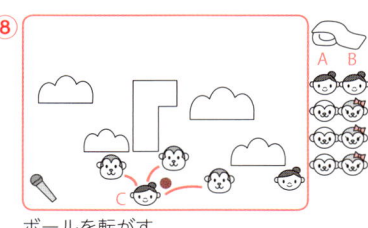

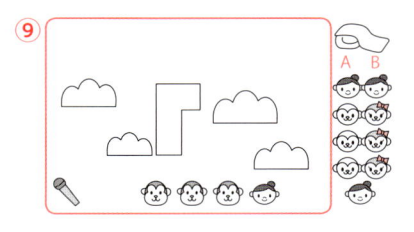

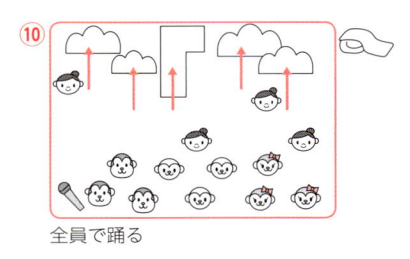

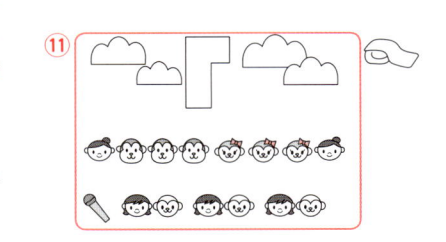

⑧ ボールを転がす

⑨

⑩ 全員で踊る

⑪

言葉・動きの中心となる役	進め方・配置・動き・せりふ
	*子どもの人数が少ない場合は、全員いっしょに舞台に上がってもらう。 *保護者の都合が悪い場合は補助役が代わりをする。
進行役（保育者）	「では、最初に模範演技です。おさるのブランコは○○先生と△△ちゃん、おさるの鉄棒は●●先生と□□くん、お願いします。」
	補助役と子どもが見本を見せる。おさるのブランコとおさるの鉄棒は難易度が違うので、子どもは2人に頼む。　　………★⑫
進行役（保育者）	「○○先生・●●先生・△△ちゃん・□□くんに拍手」
	拍手が鎮まったら、
進行役（保育者）	「では、みんなでやってみましょう」
	親子はそれぞれのタイミングで行う。補助役は親子の間を回り、補助。　　………⑬
進行役（保育者） Aグループ親子	「上手にできた人？」 「はーい」
	B・Cグループも同様に行う。
進行役（保育者） 全親子 進行役（保育者）	「これで、南の島の運動会はおしまいです。みんな上手にできましたね」 「がんばりました」 「では、ちびっこアイアイとお父さん・お母さん、だっこで退場してください」
	全親子、手を振って退場。 補助役が誘導する。 全員退場したら、幕。　　………⑭

★ワンポイント

おさるのブランコ・おさるの鉄棒
（41ページ参照）

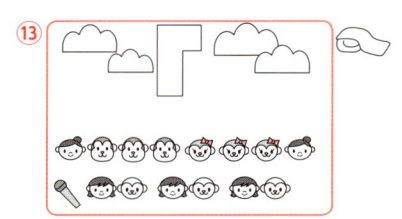

*人数が少ない場合は、全員いっしょに行う。
*グループ別の場合、終わった親子は後ろで待機する。

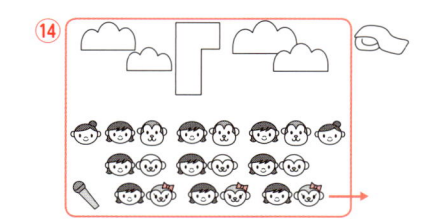

小さい子向け

アレンジのポイント

当日は雰囲気が変わるため、ぐずる子や、なにもせずに立ち尽くす子もいます。無理に運動あそびをする必要はありません。
「アイアイ」の曲に合わせて、体を動かすだけでも、十分にかわいさをアピールできます。

鳥の声などのBGMでジャングルの奥から登場 → 「アイアイ」の曲に合わせて体を動かす → 保護者といっしょに「おさるのブランコ」 → 手を振って退場、幕

大きい子向け

アレンジのポイント

紹介したあそびのほかにも、運動用具や身近にあるものを利用したあそびを組み合わせてオリジナルメニューを作ってみましょう。

・・・ ジャングル・ジャンプ ・・・

跳び箱の1番上の段をマットの上に置き、登って飛び降りる。
上手になったら、跳び箱の段を増やしていきましょう。

・・・ ヘビにご用心 ・・・

縄跳びの縄を床の上でくねくね動かし、それを跳び越える。

・・・ タオル魚とり ・・・

タオルを1～2回結んだものを魚に見立ててばらまき、それをつかまえて、かごに投げ込む。

大道具・衣装の作り方

セットの作り方

ジャングルの茂み　材料…段ボール板、段ボール箱、モール、ペーパーフラワー用ワイヤー

大1、中2、小1……サイズ、数は舞台の面積によって調整する。

① 段ボール板を切る。

② 色を塗る。または、色画用紙を貼る。

③ 裏側に支柱を貼り付ける。

箱を付けて小物入れにしてもよい。

④ 表側に草の装飾を付ける。

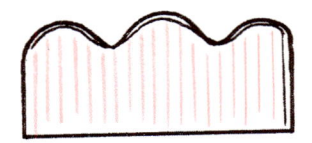

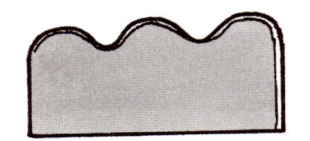

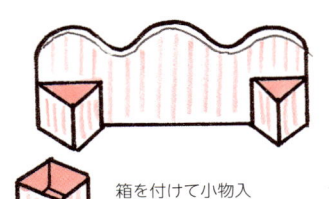

モールやペーパーフラワー用ワイヤーを使うと立体感が出る。

やしの木　材料…段ボール板、色画用紙、新聞紙

ジャングルの茂みと同数

① 段ボール板をやしの木の葉と幹の形に切る。

② ①に色を塗る。またはしわを付けた色画用紙を貼る。

③ やしの実を作る。

④ やしの木にやしの実をクラフトテープで付ける。

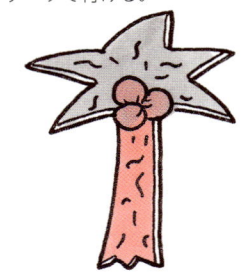

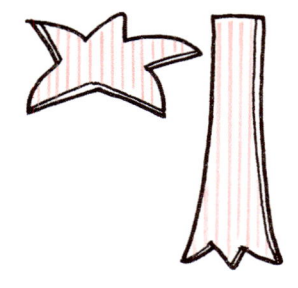

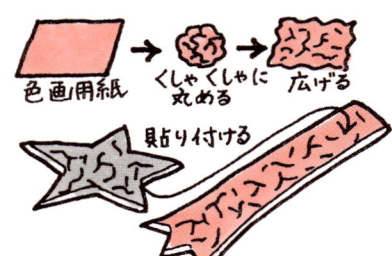

⑤ ④をジャングルの茂みにクラフトテープなどで付ける。

ワンポイント
* やしの木にも支柱を付けて自立させてもよいですが、高さのあるセットは倒れやすいので注意が必要です。幼児用のいすに貼り付けて支えにすると、安定します。
* やしの木の高さは、大人の身長（150〜170cmくらい）が目安。

一本橋　材料…やわらかい素材の積み木

●基本型

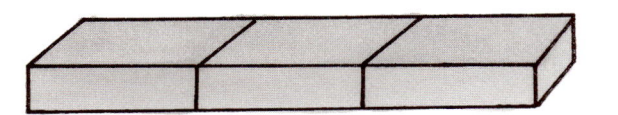

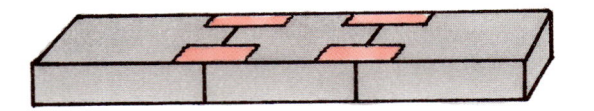

① 同じ高さ、幅の積み木を直線に並べ、クラフトテープで固定する。

② 裏返す。

● 曲がり角がある場合　　　　● 段差がある場合

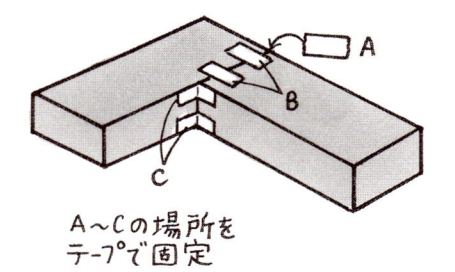

A〜Cの場所をテープで固定

ワンポイント
* 外側に出る部分は、目立たないように透明のテープを使う。
* 橋全体を緑や茶色の布やラシャ紙ですっぽりと覆うときれいに見える。

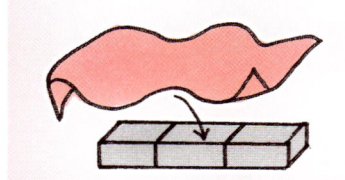

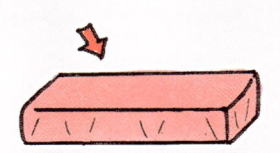

歩いたときに布がずれないように、ところどころを両面テープで留め、積み木の下へ布をしっかりと折り入れ、テープで留める。

衣装の作り方

フード付きスモック
（基本のスモックの作り方は 12 ページ参照）材料…不織布、綿ロープ 100cm、フェルト、綿

❶ 不織布を半分に折り、----部分を縫って、角を丸く切り取る。　約30cm　約25cm

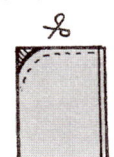

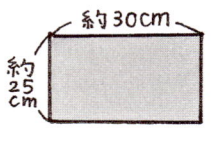

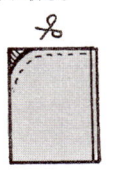

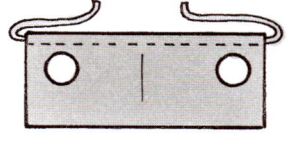

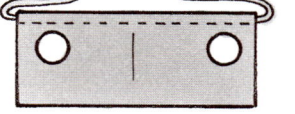

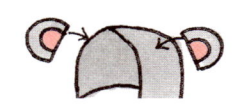

❷ 基本のスモックを作る。

❸ ①を裏返し、フェルトで作った耳をつける。

❹ しっぽを作る。

❺ ③のフードとしっぽを基本のスモックに縫い付ける。（フードは@の縫い目より下に縫い付ける）

保育者は……
動物帽子（基本の帽子の作り方は 13 ページ参照）または耳だけの帽子

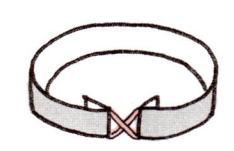

お面の帯に画用紙の耳を貼る。

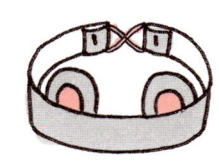

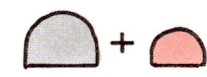

ワンポイント
動きが激しい場合、お面や帽子は途中で脱げて落ちる場合があります。フードなら、脱げても下に落ちないので、脱げることを気にしないでのびのびと動けます。フード嫌いの子にはスモックだけを着せ、フードは後ろに下げておきましょう。

アイアイ

やまのおんがくか

キュキュキュ、ポコポンポコ…山の音楽家たちの演奏はとってもおもしろい！ うたったり演奏したりして音あそびを楽しみましょう。

水田 詩仙 訳詞　　ドイツ民謡

♩=92

1. わたしゃ おんがくか やまのこりす
2. わたしゃ おんがくか やまのことり
3. わたしゃ おんがくか やまのこたぬき
4. わたしゃ おんがくか やまのうさぎ
5. ぼくたちゃ おんがくか やまのなかま

じょうずに	ピアノを	ひいて	みましょう	キュキュ キュ キュ キュ
				ポロン ポロン ポロン ポロン ポロン
				ピ ピ ピ ピ ピ
				ポタ ポン ポン ポン ポタ
				タン タン タン

うずに バイオリン を ひいて みましょう
うずに フルート を ふいて みましょう
うずに たいこ を たたいて みましょう
うずに そりで いいきみ

キュ キュ キュ キュキュ キュ キュ キュ キュキュ キュ キュ キュ いかが です すすす
ポロン ポロン ポロン ポ ポロン ポロン ポロン ポ ポロン ポロン ポロン ポ かー がー でー す
ピ ピ ピ ピ ピ ピ ピ ピ ピ ピ ピ ピ いー がー でー す
ポン ポコ ポン ポ ポン ポコ ポン ポ ポン ポコ ポン ポ いかがです
タン タン タン タ タン タン タン タ タン タン タン タ

日常のあそび

1 楽器に触ってみよう

いろいろな楽器に触って、音を出してみましょう。実際に打ったり、振ったりすることで、それぞれの楽器の扱い方も学ぶことができます。「これは、どんな音かな？」と音を聞くことを楽しみましょう。

0・1歳児は大人といっしょに！

握力が弱い0・1歳児は、ばちを持って打つ楽器は上手に打てません。振って音が出る鈴や手で打つタンバリンがおすすめです。他の楽器は保育者が打って音を聞かせたり、いっしょにばちを持って打つようにしましょう。

2歳児はローテーションで！

全員がいろいろな楽器に触れられるように、ローテーションしましょう。初めて見る楽器に尻込みする子もいるので、どうすればよい音が出るか、見本を見せて興味をもたせましょう。

ワンポイント

* はじめは月齢ごとにグループ分けして、保育者が付き添って移動し、楽器の扱い方を教えるようにするとよいでしょう。慣れてきたら自由行動にします。
* 木琴やたいこなど専用の台があるものはそれを使用しますが、低年齢児には高すぎる場合があるので子どもたちが触りやすいように、低めのテーブルや台に置いてもよいでしょう。
* 子どもたちが移動しやすいように、楽器はゆとりをもった間隔で配置しましょう。
* 楽器は1か所に複数置き、同じ楽器を数人でいっしょに演奏できるようにします。

日常のあそび　2 いきなり音楽会　（2歳児向き）

子どもたちが自由に出している音に、"いきなり"伴奏するのがポイントです。子どもたちがよく知っている曲（「やまのおんがくか」のほか、「きらきらぼし」「ぶんぶんぶん」「チューリップ」など）を弾いてみましょう。伴奏をすることで、バラバラの音が曲になることに気づいてもらうのがねらいです。

「ピアノの音を聴いてね」と声をかけていると、不思議なことにだんだんリズムがそろってきます。1曲弾き終えたら「すごいね。『きらきらぼし』になったね」とほめてあげましょう。「もっとやりたい！」という意欲につながります。慣れてきたら、楽器ごとに分かれて音を出すパート演奏にも挑戦してみましょう。

ワンポイント

音を楽しむのが音楽です！
音あそびというと、ついリズム打ちを教えようとしがち。でも、大切なのは楽器や音自体に興味をもたせることです。「これ、おもしろい」「音を出すのは楽しい」と感じれば自然に演奏にも興味が広がっていきます。まずは、音を楽しむところからスタートしましょう。

やまのおんがくか

ワンポイント

空き箱や空き缶を活用しよう。
楽器がなくても、音あそびは楽しめます。空き箱や空き缶、ペットボトルなど、身近にある素材ならなんでもOK。手やばちで打って、どんな音がするか試してみましょう。そのままでもよいし、ちょっと手を加えれば楽器に変身します。

空き箱の底や脇をたたきます。 
空き缶は切り口にテープを貼りましょう。
ペットボトルにビー玉や小石を入れます。

ジュース缶マラカス
石ころ → 飲み口をクラフトテープで閉じる

ばちの作り方

材料／割り箸、綿、布、輪ゴム

布の中央に綿と割り箸を置いて包み、丸く絞って輪ゴムで留める。

さあ、発表会

「やまのおんがくか」シナリオ

〈ねらい〉
友達や保育者といっしょに、歌や楽器の演奏を楽しむ。

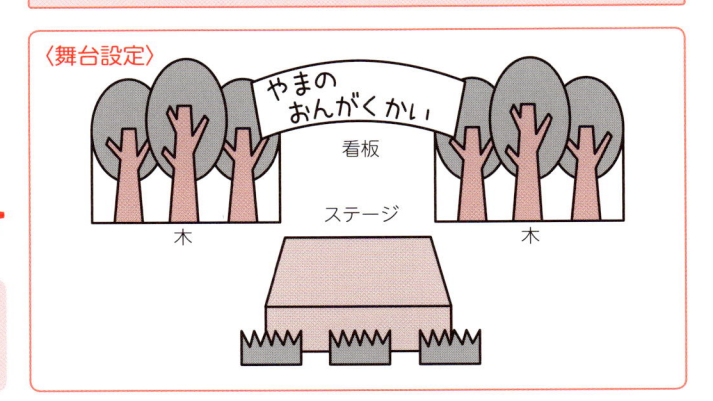

〈配役〉
- こりす
- ことり
- たぬき
- 進行役（保育者）
- 補助役（保育者）

〈舞台設定〉
やまのおんがくかい／看板／ステージ／木

言葉・動きの中心となる役	進め方・配置・動き・せりふ
	舞台上、中央に小さいステージを配置。 ステージの後ろに「やまのおんがくかい」の看板と木のセットを置く。 子どもたちは役柄別に分かれて、上手に待機。 補助役もいっしょに待つ。 進行役、下手から登場。舞台上ステージ前に立つ。……①
進行役（保育者）	「みなさん、大変長らくお待たせいたしました。ただいまより、山の音楽会、開幕しまーす。1番目は誰ですか？」
こりすグループ	「はーい」 こりすグループ、上手から登場。小ステージ上に整列。……②
進行役（保育者）	「1番目は山のこりすさんです。では、お名前を聞いてみましょう」 進行役、子どもたちにマイクを向けて名前を聞く。 名前を聞き終えたら、全員にインタビューする。
進行役（保育者）	「こりすさんが手に持っているのはなんですか？」
こりす	「バイオリンです」
進行役（保育者）	「では、演奏、お願いします」
こりす	「がんばります」
	子どもたちが用意をする間、進行役は観客に声かけをする。
進行役（保育者）	「お客さまも、お手元の歌詞カードを見ながら、いっしょにうたってくださいね」

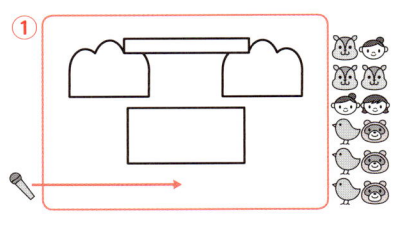

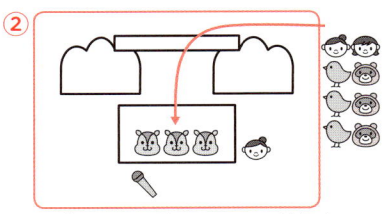

② 子どもたちは看板をくぐって登場する。

こりす　歌	わたしゃ　おんがくか　やまの　こりす じょうずに　バイオリン　ひいてみましょう キュキュ　キュキュキュ キュキュ　キュキュキュ キュキュ　キュキュキュ キュキュ　キュキュキュ いかがです	
	こりすグループ、小道具のバイオリンをひくまねをしたり、踊ったり（振り付けは 54 ページ）しながら歌う。	
進行役（保育者）	「こりすさんに、盛大な拍手を」 こりすグループ、手を振りながら退場。 「さあ、次は誰ですか？」	………③
ことりグループ	「はーい」 ことりグループ、上手より登場。小ステージ上に整列。 こりすグループ以降に登場する、ことり、たぬきなどほかの動物も、こりすグループと同様のやりとりを繰り返す。	

③ 退場のときは、セットの前から退場する。

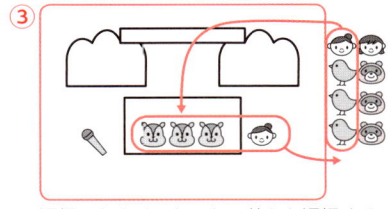

進行役（保育者）	「最後は全員で演奏します。こりすさん、ことりさん、たぬきさん、集まれー」	………④
	子どもたちは、すず・タンバリン・カスタネットを持って再登場する。木琴やたいこを使う場合は補助役が用意する。楽器がたくさんある場合は観客にも配って参加してもらっても楽しい。	
進行役（保育者）	「では、みんなで楽しくうたいましょう。どうぞ」	
全員	ぼくたちゃ　おんがくか　やまのなかま じょうずに　そろえて　ひいてみましょう タタ　タンタンタン タタ　タンタンタン タタ　タンタンタン タタ　タンタンタン いかがです	
進行役（保育者） 子ども全員	「これで、山の音楽会はおしまいです」 「ありがとうございました」	
	ピアノの音に合わせて、礼。 全員で手を振るなか、幕。	

④ 木琴　たいこ

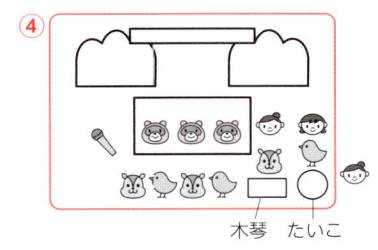

★ ワンポイント

今回ご紹介したこりす、ことり、たぬきだけでなく、ほかの動物を登場させても楽しいです。

うさぎ＝ピアノ
ねずみ＝すず
かえる＝うた　などなど

> 小さい子向け
アレンジのポイント

簡単な振り付けで盛り上げよう！

本物の楽器演奏どころか、小道具の楽器でまねも難しい場合は、ダンスで勝負しましょう。歌に合わせて簡単な振り付けをして、曲に合わせて体を動かします。手拍子や足踏み、その場でぴょんぴょんはねるだけでも十分かわいさをアピールできます。

「やまのおんがくか」振り付け

「やまのおんがくか」は5番まで歌詞がありますが、ここでは1・3・4番を紹介します。

1番

①わたしゃおんがくか 
自分を指さす。

②やまのこりす 
手を腰に当て、上半身を左右に振る。

③じょうずにバイオリン ひいてみましょう 
その場でひとまわりし、「しょう」で正面を向いて両手を広げる。

④キュキュ キュキュキュ（×4） 
左手でバイオリンを持つポーズをして、右手で弾くまねをする。

⑤いかがです 
正面を向いて両手を広げる。

3番　4番

①〜③・⑤は1番と同じ振り付けをする。④は右のように。

【3番・ことり】
④ピピ ピピピ（×4） 
フルートがあるつもりで、両手の指を動かす。

【4番・たぬき】
④ポコ ポンポコポン（×4） 
おなかをたたくまねをする。

大きい子向け アレンジのポイント

ストーリー仕立てにしてみよう！

「山の仲間のくまじいさんが元気がないので、それを励ますためにサプライズの音楽会を開く」というストーリー仕立てにしてみましょう。くまじいさんは保育者が演じます。

疲れたなあ
ヤレヤレドッコイショ

くまじいさん（補助役）

① みんなで集まって相談 → ① 音楽会を開くことに決定 → ② 個別練習 → ③ 音楽会を開催する → ④ くまじいさんが元気になる → フィナーレ

①
くまじいさん元気ないね。どうしたらいいかな？
みんなで音楽会をしよう！
さんせーい！

進行役がストーリーを進める。
子どもたちにも簡単なせりふを言ってもらう。

②
ポン ポン ポン
キュッ キュッ
ピー ピー

③
やまのおんがくかい

④

大道具・小道具・衣装の作り方

セットの作り方

木(2つ) 材料…段ボール板（基本の書き割り森バージョンの作り方は12ページ参照）

❶ 段ボール板で木を作る。

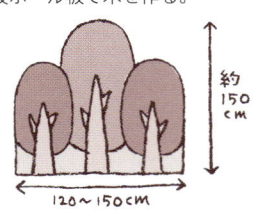

❷ 裏側に支柱を付ける。

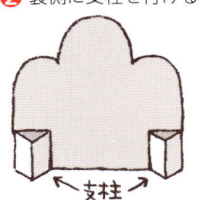

看板は木のセットに取り付けてもOK。

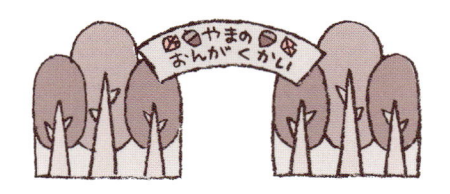

約150cm / 120〜150cm / 支柱

舞台が狭い場合におすすめ。

看板 材料…牛乳パック、段ボール板

❶ 牛乳パックで支柱を2本作る。

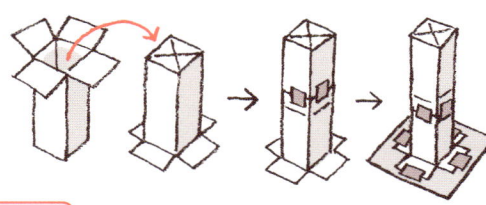

牛乳パックを左のように5本つないでいくと約1mになる。

❷ 段ボール板に文字を書いて看板を作る。

❸ 看板を支柱に取り付ける。

草 材料…段ボール板、色画用紙（基本の書き割り草バージョンの作り方は12ページ参照）

❶ 段ボール板を切り、色を塗ったり色画用紙を貼り付けたりして彩色する。

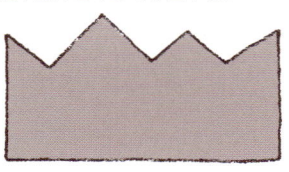

❷ 裏側に支柱を付ける。もしくは底部分を折り返して支柱にする。

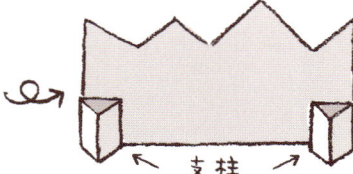

支柱

花 材料…色画用紙、モール

❶ 色画用紙を2枚切る。

❷ 花の模様を描き、モールを挟んで貼り合わせる。

❸ 色画用紙の葉っぱを付ける。

❹ 草の書き割りに付ける。

裏側に貼る。

表から差し込む。

小ステージ 材料…大型の積み木、布

❶ 大型の積み木を並べてステージを作る。

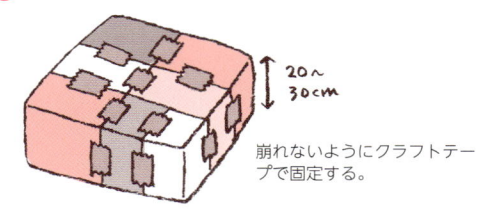

20〜30cm

崩れないようにクラフトテープで固定する。

❷ 緑色か茶色の布でカバーする。

上りにくいときは踏み台を置く。

ワンポイント

＊使用する積み木は、やわらかいものがおすすめです。

小道具の作り方

バイオリン
材料…段ボール板、色画用紙、綿テープ、毛糸、たこ糸

1. 段ボール板を切る。
2. 色画用紙を貼ったり、ペンで描いたりして仕上げる。

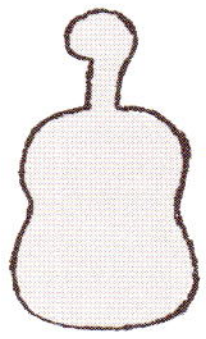

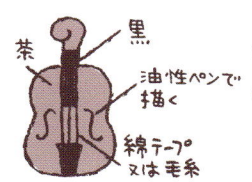

本体の裏側にも茶色の画用紙を貼っておくと、裏側が見えても大丈夫。

3. 段ボール板を弓の形に切って、表面に茶色の色画用紙を貼る。
4. 黒く塗ったたこ糸を2～3本、裏面に貼り付ける。
5. 中心で谷折りにして、貼り合わせる。

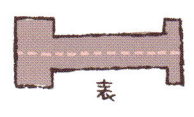

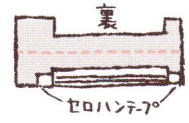

フルート
材料…段ボール板、アルミホイル、色画用紙

1. 段ボール板を切る。
2. アルミホイルで覆って、指穴を油性ペンで描く。

指穴は油性ペンで描くか、色画用紙を貼る。

配布用歌詞カード
どんぐりや木の葉の形にするとかわいい。

ワンポイント
* 低年齢児は、手に物を持って歩いたり、しゃべったりするのが苦手です。手を離しても落とさないように、小道具には紙テープを付けておきます。
* たぬきは腹つづみを打つので、小道具はありませんが、なにか持たせるならたいこを作ってあげましょう。

衣装の作り方

お面または帽子
* お面は、役に合わせて作る。
* 帽子は、布（伸縮性のあるもの）で本体を作り、フェルトの耳やくちばしを付ける。
* 基本の帽子（13ページ）参照。

スモック
* 基本のスモック（12ページ）に、役に応じたものを付ける。
* 材料…不織布、綿ロープ100cm、フェルト、綿、リボン

こりす
〈しっぽ〉
1. 2枚の布を縫い合わせる。 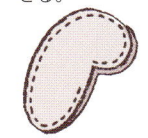
   綿を入れる口を開けておく。
2. 裏返して中に綿を詰め、口を閉じる。
3. こげ茶または黒のリボンを縫い付けて、しま模様にする。

背中にしっぽを縫い付ける。

たぬき
〈スモック〉
基本のスモックを作る。左右に半円型のフェルトを貼る。

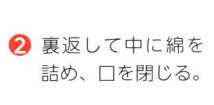

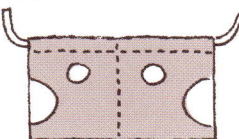

〈しっぽ〉
1. 2枚の布を縫い合わせる。
2. 裏返して中に綿を詰め、口を閉じる。

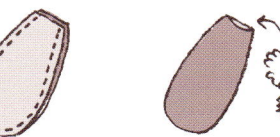

背中にしっぽを縫い付ける。

ことり
基本のスモックの袖穴に、半円の不織布を縫い付ける。

頭が帽子の場合、袖をフリンジにしてもかわいい。

コンコンクシャンのうた

動物さんたちがかぜをひいちゃった！　いろんなマスクが出てきて、おもしろいよ。「コンコンしたらマスク」を自然に身につけることができます。

香山 美子 作詞　湯山 昭 作曲

楽譜

歌詞:
1. りすさんがマスクした
2. つるさんがマスクした
3. ぶうちゃさんがマスクした
4. かばさんがマスクした
5. ぞうさんがマスクした

ちいさいほーそーいおーきいな（×5）

マスクした

コン コン コン コン クシャン

日常のあそび

① 動物さん変身ごっこ

「コンコンクシャンのうた」に登場する動物に変身してみましょう。それぞれの動物になった気分で歩いたり走ったり転がったりして、体を動かすことを楽しみましょう。

りす
木の実を食べるちょこまか歩き回る

ぶた
指で鼻を上にあげて鳴きまね

かば
両手を上下に開いて、大きな口を表現

つる
両手を広げて飛ぶ片足立ちをする

ぞう
片手をぶらぶらさせて鼻を表現

ワンポイント

低年齢児は想像力が未発達なので「動物さんになろう」と言うだけでは、イメージをふくらませることができません。保育者は言葉で想像の世界に誘導してあげましょう。
（例）「ぞうさんが歩いているよ。ドシンドシン…どこに行くのかな。あっ、大きな池があるよ。たくさん歩いたから、のどが渇いたね。お鼻をのばして、水を飲むよ。みんな上手に飲めるかな。ごっくんごっくん、おいしいね…」

日常のあそび **2 にこ・ぷんごっこ 1**

体全体を使って、感情表現をしてみましょう。

ワンポイント

いきなり「笑いましょう」とか「泣きましょう」と言われたら、とまどう子もいます。はじめは、あそび歌の「てをたたきましょう」を導入にして、泣きまねや笑いまねから始めるとよいでしょう。

喜び
笑う・ジャンプ・スキップ・くるくる回る

怒り
怖い顔をする・足を踏み鳴らす

悲しみ
泣きまね・とぼとぼ歩く

日常のあそび **3 にこ・ぷんごっこ 2** （動物さんバージョン）

感情表現に慣れてきたら、動物さんバージョンにも挑戦してみましょう。

ただし、ただの喜怒哀楽ではなく、「かぜをひいて元気がない」という設定にして、うがいをしたり、マスクをするまねをしながら「コンコンクシャンのうた」をうたって遊びましょう。最後は元気になって終わります。

かぜをひいて元気が出ないよ
ハクション
コンコン
うがいをしたりマスクをしたりするまね
元気になったよ！

コンコンクシャンのうた

さあ、発表会

「コンコンクシャンのうた」シナリオ

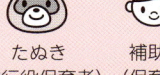

〈配役〉
りす / つる / ぶた / かば / ぞう / たぬき（進行役保育者）/ 補助役（保育者）/ 待機役（保育者）

ねらい
歌を通して、生活習慣を楽しく身につける。

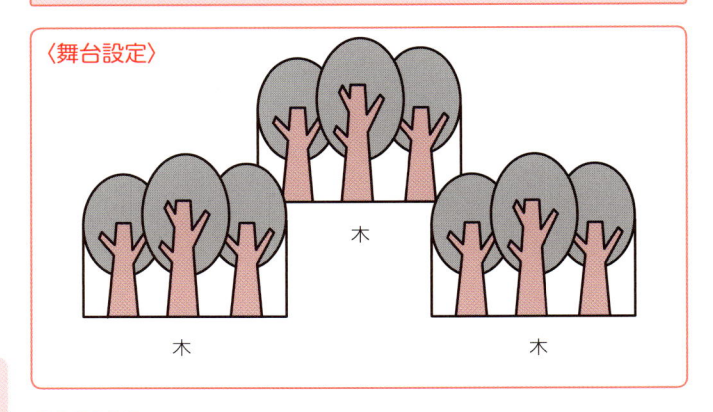

〈舞台設定〉

ワンポイント
* 保育者は、進行役、補助役、待機役の3名。
* 待機役は、上手で退場してきた子どもを見守る役だが、全体を見て必要に応じて動く。

言葉・動きの中心となる役	進め方・配置・動き・せりふ	
	舞台上、森の広場。子どもたちは、役柄ごとにセットの後ろで待機。補助役は月齢が低い子どものグループに付き添う。………①	①
	進行役（たぬき）が舞台下手から登場。	
たぬき	「みなさん、おはようございます。朝の体操の時間ですよ」	
子ども全員	「はーい」	
	セットの後ろから子どもたちが全員登場。舞台前方に整列する。体操ができるようにあらかじめ間をあけて並ぶようにする。（舞台上にカラービニールテープでラインを貼るとわかりやすい）…②	②
たぬき	「みなさん、おはようございます」	
子ども全員	「おはようございます」	
たぬき	「それでは、今日も元気に体操をはじめましょう」	
	普段使っている体操の曲を流し、いつも通り体操をする。特に決まった曲がない場合は、観客（保護者）が知っている体操の曲（ラジオ体操第一など）を使う。	
	区切りのよいところで、誰かがくしゃみをする。くしゃみは、あらかじめ録音しておいた音を流すか、補助役がひそかにマイクで入れる。	

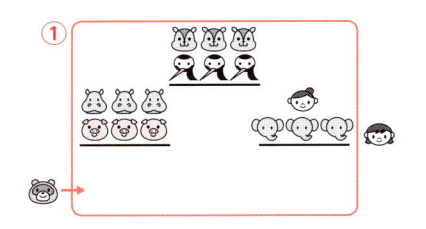

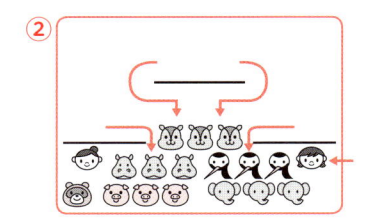

たぬき	「あれあれ、今、くしゃみをしたのはだあれ？」
りすグループ	「はーい」

   りすグループが、前に出てくる。 ………③

たぬき	「りすさん、だいじょうぶ？」
りすグループ	「なんだか、かぜをひいたみたい」
たぬき	「それは大変。そうだ、いいものがある。ちょっと待っていてね」

   たぬきは舞台袖から箱をもってくる。

たぬき	「かぜをひいたら、うがい・手洗い、それからマスクだよ」

   たぬきは、箱からマスクを取り出して、りすグループにつける。このとき、子どもの名前を1人ずつ呼びながら行う。簡単な会話を入れてもよい（例「○○ちゃん、大丈夫？」「お熱はどうかな？」など） ………④

   りすグループがマスクをつけたら、全員で歌をうたう。

全員	りすさんが　マスクした ちいさい　ちいさい　ちいさい　ちいさい　マスクした コンコンコンコン　クシャン

たぬき	「りすさんは、おうちに帰って、ゆっくり休んでね」
りすグループ	「はーい」
全員	「早く、元気になってね」
りすグループ	「みんな、ありがとう」

   りすグループ、手を振りながら、舞台上手に退場。 ………⑤

たぬき	「では、体操の続きをはじめましょう…」

   が、また誰かがくしゃみをする。

たぬき	「おやおや、今度は誰かな？」
つるグループ	「はーい」

   つるグループが、前に出てくる。 ………⑥

   ※このあとはりすのときと同様に進めていく。
    つる…細いマスク
    ぶた…丸いマスク
    かば…大きいマスク
    ぞう…長いマスク

コンコンクシャンのうた

言葉・動きの中心となる役	進め方・配置・動き・せりふ
	ぞうグループが退場したら、
たぬき	「やれやれ、みんなかぜをひいてしまいました。早く元気になるといいですね。みなさんもかぜをひかないように、うがい・手洗い・マスクですよ。 では、私も早く帰って休みましょう」
	たぬきもマスクをして、舞台下手に退場する。　……⑦ 静かな BGM が流れるなか、ナレーションが聞こえる。 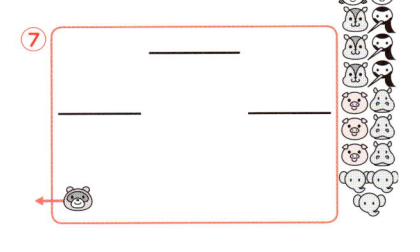
たぬきの声	「それから、何日か過ぎた朝のことです」
	舞台下手から、たぬき登場。
たぬき 子ども全員	「みなさん、おはようございます。朝の体操の時間ですよ」 「はーい」
	子どもたち、マスクを外して元気に登場。　……⑧ 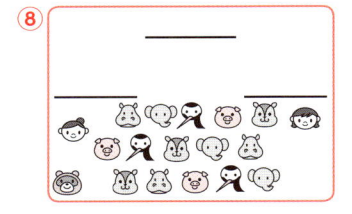
たぬき 子ども全員 たぬき 子ども全員 たぬき	「みなさん、おはようございます」 「おはようございます」 「みんな、元気かな？」 「元気もりもりでーす」 「それでは、元気に体操をはじめましょう。 さあ、みなさんもごいっしょに」
	進行役は観客にも呼びかけ、みんなで体操をする。 体操が終わったら、
たぬき 子ども全員	「今日も1日、元気にがんばりましょうね。では」 「これで、おしまい。バイバーイ」
	手を振って、幕。

小さい子向け

アレンジのポイント

変身することを楽しもう！

手洗い・うがい・マスクという生活習慣や衛生面のねらいは、0・1歳児にはまだよく理解できません。いろいろな動物さんに変身する楽しさや「コンコンクシャン」という言葉のリズムのおもしろさを味わうのがねらいです。マスクをつけるのを嫌がる子も多いので、かわいいマスクで興味をもたせましょう。

マスクの作り方

市販の子ども用マスクにひと工夫して、かわいいマスクを作ってみましょう。
もちろん、すべて手作りでも OK です。

動物さんをアップリケ！

フェルトや P ペーパーで動物の顔をアップリケしてみましょう。
手芸用ボンドなら、縫わないので簡単です。

プリント布でカラフルに！

マスクに木綿のプリント布を縫い付けます。水玉やストライプなどの柄布や好きなキャラクター模様で作れば、マスク嫌いの子もつけたくなるかもしれません。

基本のマスクの作り方

材料…ガーゼ（医療用に市販されているもの）、細ゴム、フェルト、P ペーパー

❶ ガーゼをできあがり寸法に折り畳む。
　＊できあがりの目安は 12cm × 7.5cm。

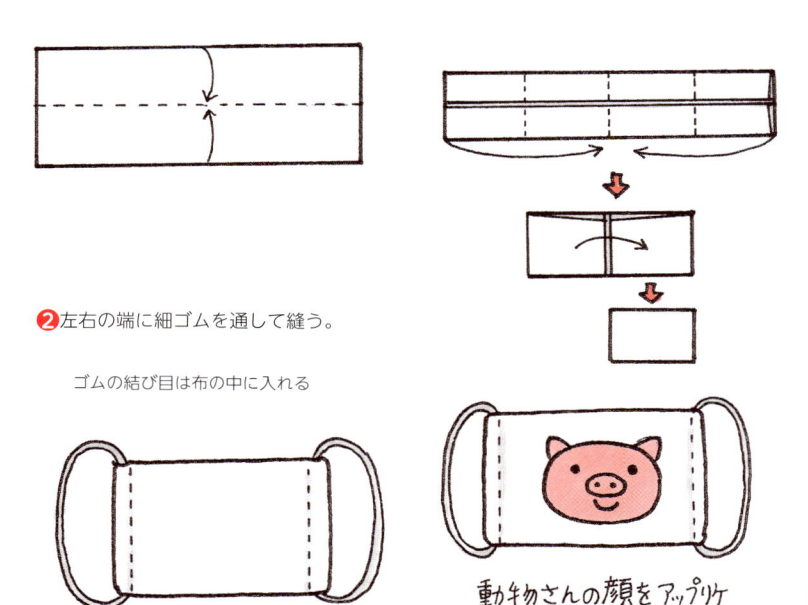

❷ 左右の端に細ゴムを通して縫う。

ゴムの結び目は布の中に入れる

動物さんの顔をアップリケしても かわいいですよ

大きい子向け

アレンジのポイント

演技派を目指そう！

「体操に集まったけれど、かぜをひいて咳が出て、マスクをする」という前半は、ちょっと元気がない感じ。再登場する後半は元気いっぱい。そんな変化を意識して演じてみましょう。より劇あそびらしくなりますよ。保育者がややおおげさに演じて見せるとイメージがふくらみます。

大道具・衣装の作り方

セットの作り方

木　材料…段ボール板

❶ 段ボール板に木を描く。

❷ 上部の余白を切る。

❸ 裏側に支柱を付ける。

秋から冬にかけての物語なので、オレンジや黄色の葉にする。

衣装の作り方

スモック　材料…不織布、綿ロープ100cm、フェルト、裏地用の布、綿、太い綿ロープ（基本のスモックの作り方は12ページ参照）

りす　ぶた　かば　ぞう

❶ 基本のスモックを作る。

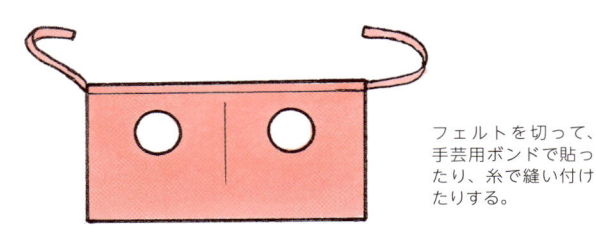

❷ 背中側にしっぽを縫い付ける。

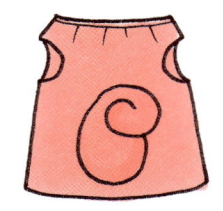

フェルトを切って、手芸用ボンドで貼ったり、糸で縫い付けたりする。

綿を入れて立体的にしてもよい。

つる

❶ 基本のスモックにフリンジ（白）を貼る。

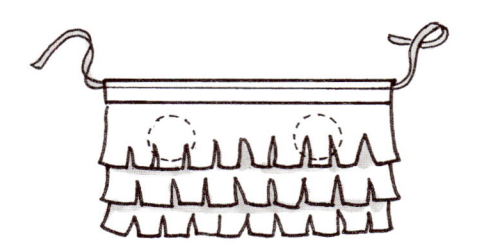

フリンジは、裏地用の布に切れ目を入れて作る。

フリンジの下に袖穴がくるように貼る。

しっぽの作り方

ぶた
綿ロープ（太）をひと結びする。

かば
フェルトを三角に切って綿を挟んで周りをかがる。

ぞう
綿ロープ（太）の先をほぐす。

帽子
材料…布（伸縮性のあるもの）、フェルト、綿（基本の帽子の作り方は13ページ参照）

りす
❶ 布を2枚切る。

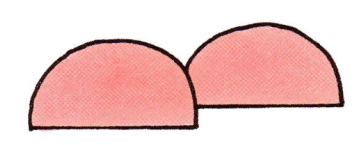

❷ 2枚の布の間に、耳のパーツ（フェルト）を挟んで縫う。

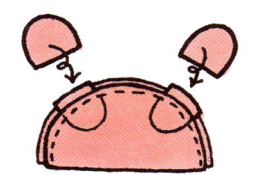

❸ 裏返して目・鼻・模様を付けて完成。
フェルトで目、鼻、頭のしま模様を付ける。

りす

ぶた

鼻・耳・くちばしの作り方

ぶた
綿を挟んで周りをかがる。
フェルトで作った鼻の穴を貼る。

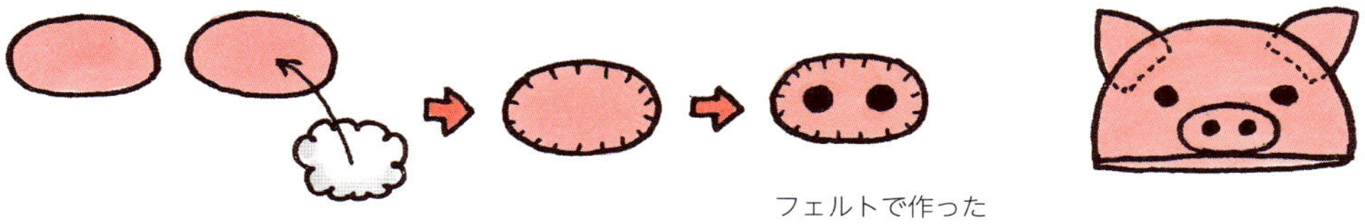

かば

かば
フェルトを切る（4枚）。
綿を入れる所をのこして2枚をかがる。
ぎゅうぎゅうに詰める。
中に綿を詰めて立体的にする。
フェルトを貼る。

ぞう

ぞう
フェルトを切る（2枚）。
間に綿を挟んで周りをかがる。

つる

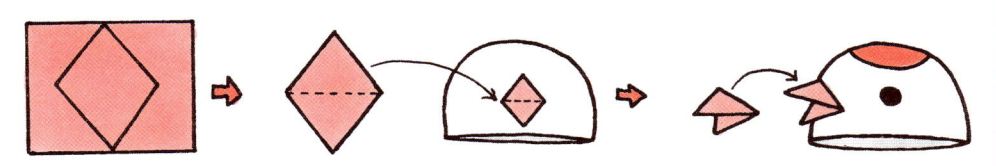

つる
薄い黄色のフェルトをひし形に切る。
帽子に縫い付ける。

コンコンクシャンのうた

おはようクレヨン

クレヨンになって色を塗ろう。トマト、レタス…、どんどん塗ったら、おいしい朝ごはんのできあがり！　みんなで塗ると楽しいね♪

Moderato（あかるく　さわやかに）

谷山 浩子 作詞・作曲　おく いくお 編曲

1. あかいクレヨン　いちばんさきに　は　このなかで　めをさました　オハ
2. みどりのクレヨン　にばんめおきて　あ　かいトマト　すぐにみつけた　オハ
3. あおいクレヨン　おさらになって　ピン　クのクレヨン　テーブルクロス　オハ
4. ちゃいろくやけた　トーストのうえ　き　いろいバター　オレンジマーマレード　オハ

ヨウ　オハヨウ　オハヨウ　　ぼく　は　だれ　か　な？　あかい　あかい　あかい　そう　だ
ヨウ　オハヨウ　オハヨウ　　ぼく　は　だれ　か　な？　みどり　みどり　みどり　そう　だ
ヨウ　オハヨウ　オハヨウ　　つぎ　は　だれ　か　な？　しろい　しろい　しろい　そう　だ
ヨウ　オハヨウ　オハヨウ　　つぎ　は　だれ　か　な？　ぼくの　ぼくの　ぼくの　あ　さ

1.2.3.
トマトかもしれない！
レタスのはっぱ！
ミルクのコップ！

4.
ごはんにおいで！そうだ　ごはんにおいで！そうだ　ごはんにおいで！

日常のあそび

画用紙に、あらかじめ下絵を描いておき、クレヨンで色を塗って遊びましょう。はみだしても、塗り残してもOK。塗ること自体を楽しみましょう。

1 食べ物ぬり絵をしよう1　（0・1歳児向き）

0・1歳児はなぐり描きからスタート

握力が弱い0・1歳児は、クレヨンをしっかり握ることができないため、点描やぐるぐる線を描くことから始めましょう。

白画用紙に大きな円を描いておきます。この円を"お皿"に見立てて、円の中にぐるぐる線を描いてみましょう。オレンジ色なら"スパゲッティ"、茶色なら"焼きそば"です。スプレーのりを吹き付けてから、色紙を細かく切って作った"トッピング"をふりかければ完成です。

画用紙に三角形を描いておいて、クレヨンで点々を描いてもらえば"ふりかけおにぎり"も作れます。

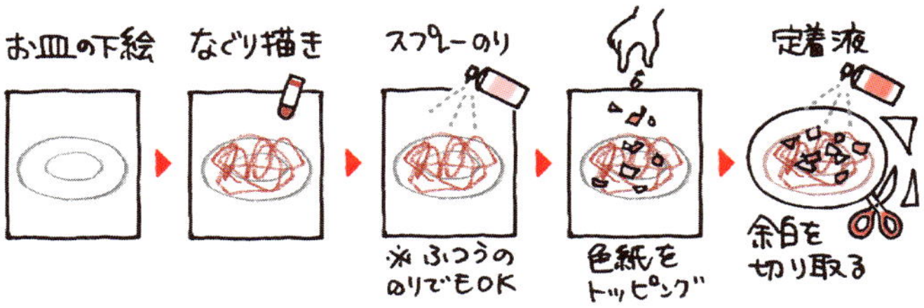

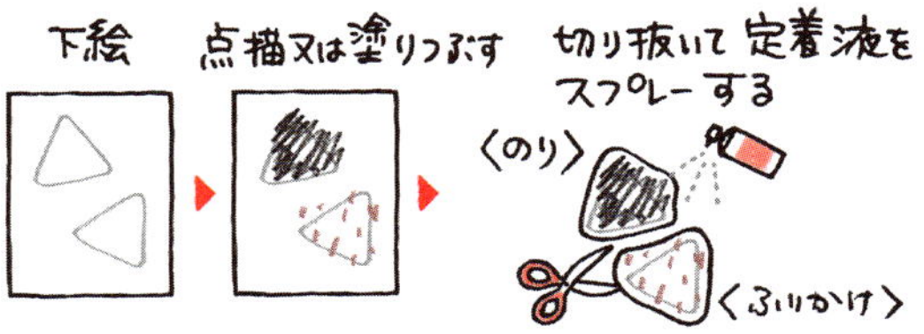

日常のあそび　2　食べ物ぬり絵をしよう2　（2歳児向き）

2歳児は食べ物カード作りに挑戦

① 下絵を描いたカードを用意する。
② 色を塗る。
③ 余白を切り、定着液をスプレーする。

余白を切らず、四角形のままでもよいが、お弁当箱に詰めるときは切ってあったほうが入れやすい。

はがきサイズの画用紙にいろいろな食べ物の下絵を描いておきます。子どもたちに色を塗ってもらったら"食べ物カード"の完成です。クレヨンは色移りしやすいので、定着液をスプレーするか、当て布をして上からアイロンをかけておきましょう。
　カードの図柄は、色が塗りやすいように、できるだけ単純な形（○・△・□）を基本にして描きましょう。

● カードの遊び方 ●

・・・仲間集め
たくさんの食べ物カードの中から、カテゴリー・形・色などに注目して、仲間を探しましょう。
例）「野菜はどれ？」「丸いのは？」

・・・お料理ごっこ
食べ物カードを使って、朝食やお弁当を作りましょう。

朝食作り
目玉焼き・パン・たこさんウィンナー・トマト・レタスなどのカードを集めて、お皿にのせる。

お弁当作り
おにぎり・たこさんウィンナー・レタス・トマト・ブロッコリー・玉子焼きなどのカードを集めて、空き箱に入れる。

・・・ままごと（0・1歳向き）
子どもが描いたおにぎり・焼きそばなどと保育者が作った食べ物カードを使って、ままごと遊びを楽しみましょう。「どうぞ、召しあがれ」「いただきます」など、言葉のやりとりを通してコミュニケーション力も育ちます。

ワンポイント
＊色塗りが終わったカードに図書フィルムを貼る方法もあります。色移りが防げ、補強にもなります。
＊カードは画用紙に絵を描いたあと、白いボール紙を裏側に貼って補強すると、丈夫で長く楽しめます。

おはようクレヨン

さあ、発表会

「おはようクレヨン」シナリオ

〈配役〉
- 赤色クレヨン
- ピンク色クレヨン
- 黄色クレヨン
- 緑色クレヨン
- 青色クレヨン
- オレンジ色クレヨン
- おひさま（進行役保育者）
- 白色クレヨン（補助役保育者）
- 茶色クレヨン（補助役保育者）

ねらい
変身する楽しさや、みんなで何かを作る喜びを味わう。

〈舞台設定〉
レタス、トマト、花びん、クレヨンの箱、テーブルクロス＆お皿、マーマレード、ミルク、トースト、時計

★ワンポイント
- 花びんと時計のセットの後ろに、トマト、レタス、トースト、ミルク、マーマレードのセットを裏面を見せて置いておき、順番に中央に出します。
- テーブルクロスとお皿のセットは大きいので、クレヨンの箱の後ろに置きます。

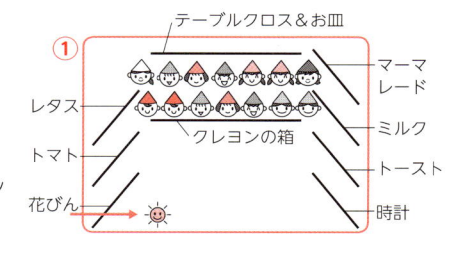

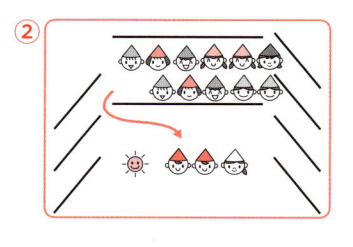

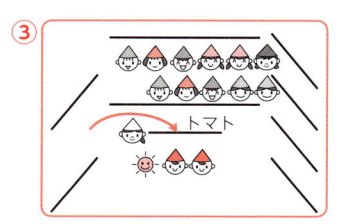

言葉・動きの中心となる役	進め方・配置・動き・せりふ
	舞台上に大きなクレヨンの箱。子どもたちは、箱の後ろで待機。補助役（白色・茶色クレヨン）が付き添う。両サイドにはレタスやトマトなどのセットが白い面を見せて置いてある。……★
	進行役（おひさま）が、下手袖の奥から登場。……①
おひさま	「みなさん、おはようございます。朝ですよ〜」
	でも、返事はない。おひさま、クレヨンの箱に寄って行って箱をノックしながら、もう1度言う。
おひさま	「みんな、おはよう。朝ですよ〜」
	箱の後ろから、赤色クレヨンが登場。……②
赤色クレヨン	「おひさま、おはよう」
おひさま	「一番に目をさましたのは、だれですか？」
	おひさまは、赤色クレヨンに1人ずつ名前を聞く。その間に、補助役がトマトのボードを裏返しのまま、前に出して準備する。……③
おひさま	「赤いクレヨンさんは、これから何をするのかな？」
赤色クレヨン	「色を塗ります」
おひさま	「それでは、がんばってね」
赤色クレヨン	「はーい」
	「おはようクレヨン」のBGMに合わせて、ボードに色を塗るまねをする。

歌詞が「トマトかもしれない」のところで、ボードを回転させて、赤い面を見せる。ヘタのないトマトを作っておき、舞台で仕上げに緑のへたを付けてもよい。
……④

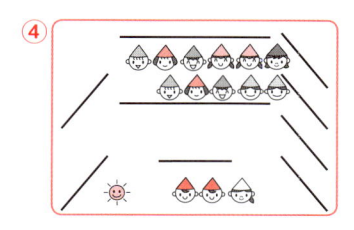

赤色クレヨン	「できました」

赤色クレヨングループ、両手を挙げてばんざいのポーズ。

おひさま	「まっかなトマトの完成です。赤いクレヨンさん、ありがとう」

赤色クレヨンは、トマトボードといっしょに下手に寄り、ボードの後ろで待機。人数が多い場合はいったん退場してもよい。
赤色クレヨンチームが退場したら、箱の後ろから、緑色クレヨンチーム登場。
……⑤

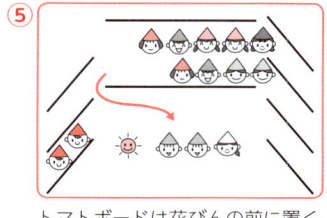

緑色クレヨン	「おひさま、おはよう」

以下、赤色クレヨンチームと同様におひさまとやりとりをする。
※ピンク色と青色、オレンジ色と黄色は、それぞれ補助役（白色・茶色クレヨン）といっしょに登場する。
＊緑色…レタス、ピンク色…トースト、青色…ミルク、オレンジ色…マーマレードを塗る。黄色…トーストにバターを貼り付ける。
全部のボードがそろったら、

おひさま	「さあ、これでなにができるのかな」
子ども全員	「朝ごはん」

子どもたち、順番にボードを舞台中央にならべる。……⑥
（テーブルクロス＆お皿・トマト・レタス・トースト・ミルク・マーマレード）
おひさまは順番通りに運べるように声かけをする。並べ終えたら、

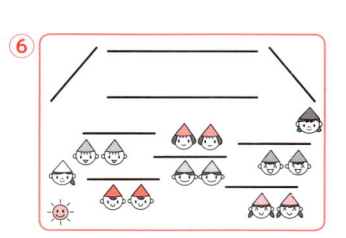

おひさま	「これで、朝ごはんの…」
子ども全員	「できあがり〜」 ……⑦
おひさま	「さあ、だれに食べてもらおうかな？」
子どもたち	「ママ」「パパ」
おひさま	「そうだね、ママやパパやおうちの人に食べてもらおうね」
補助役保育者	「では、ごいっしょに」
子ども全員	「どうぞ、召しあがれ」
観客	「いただきます」（進行役が誘導する）

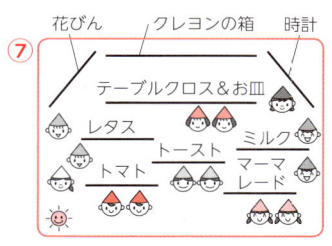

おひさま、観客にインタビュー「おいしいですか？」

観客	「おいしいです」

トマトボードは花びんの前に置く。以後、順々に後ろに下げていく。

言葉・動きの中心となる役	進め方・配置・動き・せりふ
おひさま	「それでは、クレヨンさんも召しあがれ」
子ども全員	「いただきます」
	みんなで、食べるまねをする。………⑧
	子どもたちの様子を見ながら適当なところでまとめの挨拶をする。
おひさま	「みんな、おいしかったですか？」
全員	「おいしかったです」
おひさま	「では、ごちそうさまのご挨拶をしましょう」
補助役保育者	「ごいっしょに」
全員	「ごちそうさまでした」………⑨
おひさま	「クレヨンさん、ありがとう。また、おいしい朝ごはんをつくってね」
子ども全員	「はーい」
全員	歌「おはようクレヨン」をうたう。
	歌い終えたら幕。

⑧ 食べるまねをする場面は、自由に歩き回ると楽しい。
補助役がさりげなくリードする。

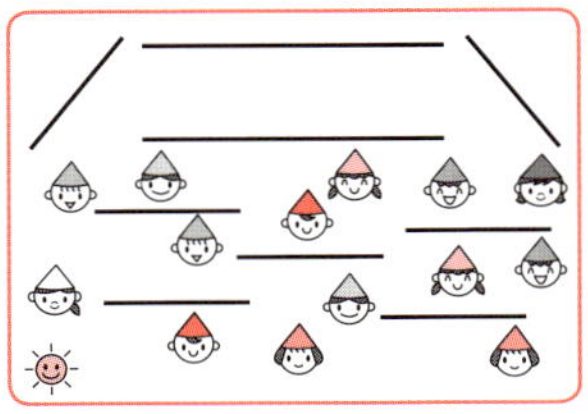

⑨

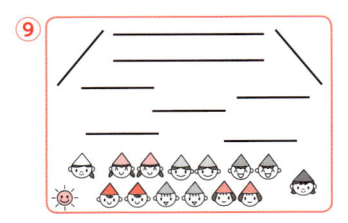

ワンポイント

＊舞台が狭い場合は、花びん、時計はなくてもかまいません。個々のセット（トマト、レタス、テーブルクロス＆お皿、トースト、ミルク、マーマレード）も少しサイズを小さくして、移動するスペースを確保しましょう。

＊2歳児なら、セットの移動や回転（色を塗った面を見せる）も子どもたちにやってもらうと、より「作っている感じ」が出ます。

前に運ぶ / **塗るまねをする**  / **できあがり**

> 小さい子向け

アレンジのポイント

みんなで登場しよう！

月齢が低い子が多い場合や人数が少ない場合は、順番ではなく、全員いっしょに箱から登場しましょう。舞台上にセットを並べ、いっせいに色塗りをします。うろうろ歩き回っているだけで、塗っているように見えるし、何もせずに立っていても目立ちません。進行役は個々の子どもの動きを実況中継して盛り上げましょう。

> 大きい子向け

アレンジのポイント

せりふをプラスしてみよう！

セットに色塗りをする場面で、せりふを言ってもらいましょう。例えば「ごしごし」「ぬりぬり」「しゅっしゅっしゅっ」などの擬音や「きれいにぬろう」「こっちもぬろう」「上手にできたよ」など。このとき、子どもの声がよく聞こえるよう、BGMの音量は小さくしましょう。

おはようクレヨン

大道具・小道具・衣装の作り方

セットの作り方

クレヨンの箱　材料…段ボール板

❶ 段ボール板を切る。

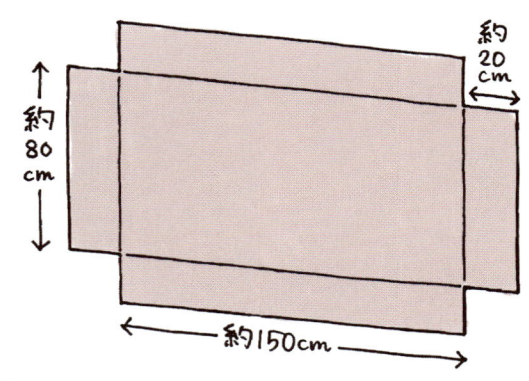

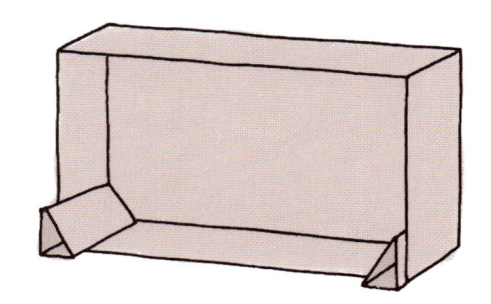

約80cm / 約20cm / 約150cm

❷ 箱形に組み立てる。

裏

❸ 支柱を付ける。

三角柱を2本付ける。
少しはみ出させるのがポイント。

❹ 表側に絵を描く。

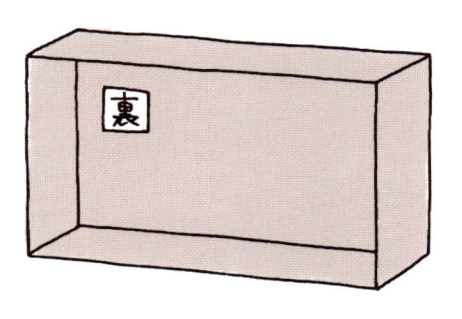

クレヨン
あか／オレンジ／きいろ／みどり／あお／ちゃ／ピンク

子どもたちが普段使っているクレヨンと同じデザインにすると楽しい。

テーブルクロス＆お皿　材料…段ボール板、発泡スチロール、布

❶ 段ボール板に支柱を付ける。

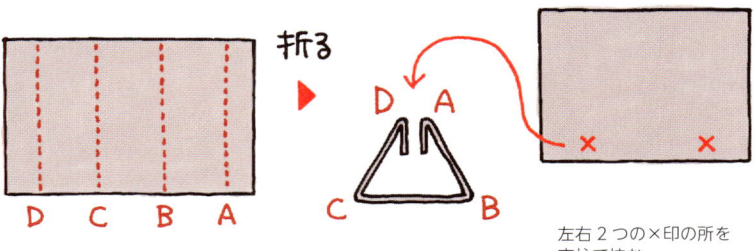

D C B A　折る ▶　D A / C B

左右2つの×印の所を支柱で挟む。

❷ 表側に色を塗り、丸く切った段ボール板（お皿）を貼り付ける。

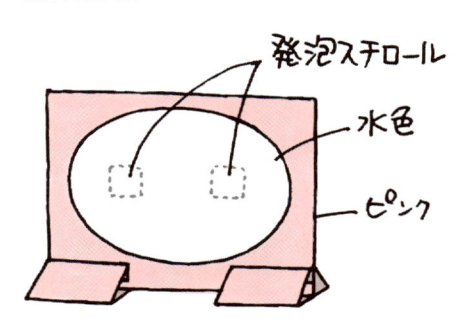

発泡スチロール／水色／ピンク

お皿の下に発泡スチロールを挟むと立体的になる。
テーブルクロスは木綿生地（ピンク）を貼ってもよい。

| トマト | 材料…段ボール板、画用紙（段ボールの文字をかくす）

1 段ボール板に下絵を描いて切り抜く。

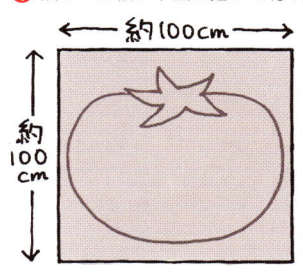

←約100cm→　約100cm

ヘタがない状態でトマトを作っておき、舞台上でヘタを貼り付けてもよい。

2 表側に色を塗る。

緑／赤

3 画用紙などで段ボールの文字をかくし、裏側に支柱を付ける。

レタス、トースト、ミルク、マーマレード、花びん、時計も同様に作る。

レタス
←約100cm→　約100cm
黄緑

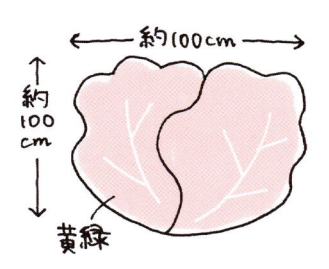

トースト
こげ目／こげ茶

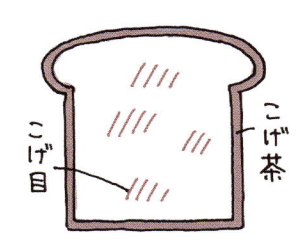

ミルク
白／青　MILK

マーマレード
オレンジ色

花びん
←約100cm→　約150cm

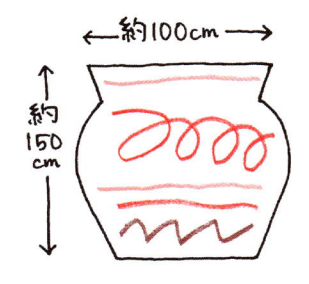

模様は子どもたちにクレヨンでなぐり描きをしてもらう。花を子どもたちといっしょに作っても楽しい。

時計
←約100cm→　約150cm 

| ワンポイント |

花びんと時計は表を向けたままですが、ほかのセットは裏側を見せるので、段ボールに文字や模様が付いている場合は、白く塗るか画用紙を貼ってきれいに整えておきましょう。

| バター | 材料…ボール紙、色画用紙

1 白いボール紙でさいころを作る。

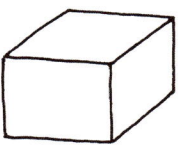

2 黄色の色画用紙を貼る。

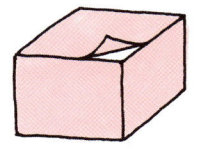

| ワンポイント |

＊黄色クレヨンの役は、1番月齢の低い子に担当してもらうとよいでしょう。
＊他の子が色塗りのまねをしてセットを回転させたら、最後に保育者といっしょに両面テープでバターをトーストに貼り付けましょう。

おはようクレヨン

衣装の作り方

衣装は全員色違いの同じデザインです。

スモック
材料…不織布、綿ロープ100cm（基本のスモックの作り方は12ページ参照）

① 基本のスモックを作る。

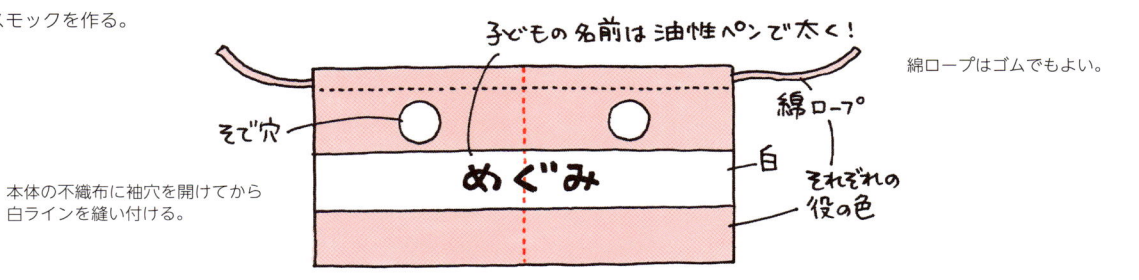

本体の不織布に袖穴を開けてから白ラインを縫い付ける。

子どもの名前は油性ペンで太く！
そで穴
綿ロープ
白
それぞれの役の色
綿ロープはゴムでもよい。

三角帽子（紙）
材料…厚紙、色画用紙、細ゴム

① 子どもの頭囲に合わせて厚紙で帯を作る。
② 色画用紙を丸めて三角すいを作る。帯に合わせて丸め、帯と色画用紙をセロハンテープで留める。
③ 細ゴムを付ける。

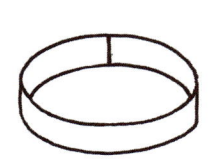

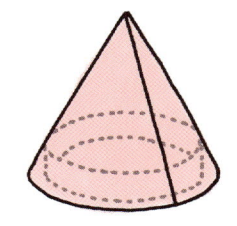

三角帽子（布）
材料…布（伸縮性のあるもの）

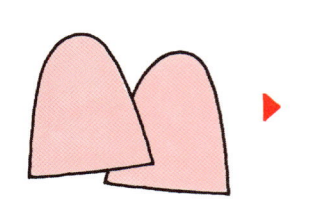

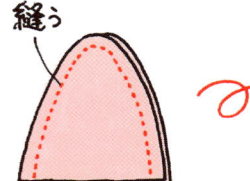

① 布を2枚切る。
② 2枚を縫い合わせる。縫う
③ 裏返す。

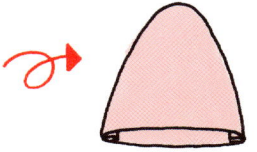

ピタッとフィットしてゴムいらず。

ワンポイント
帽子のゴムを嫌がる子もいます。ジャージーやニットなど伸縮性のある生地で作ると、肌触りがよいので低年齢児にはおすすめです。

前 　　　後ろ
ひもは後ろで結ぶ

保育者は……
★ 子どもと同じテイストにそろえます。
★ 進行役はおひさまなので、お面をかぶります。服装はトレーナーやエプロン。

赤　金紙

第3章

0・1・2歳児の発表会 Q&A

0・1・2歳児の発表会にまつわるQ&Aをご紹介。
発表会がもっと充実する、納得のQ&Aです。

0・1・2歳児の発表会 Q&A

準備編

Q1 どのくらいの月齢から参加できますか?

A 目安は「生後6か月」から。

　子どもの成長には個人差がありますが、生後6か月を過ぎれば首がすわってくるので、保育者や保護者がだっこをして参加することができます。まだなにもできなくても、名前を呼び、普段の様子などのエピソードを紹介しましょう。

　かわいい姿を披露するだけで十分。みんなで「大きくなったね」と成長を喜び合いましょう。クラスの一員としての存在もアピールできます。

Q2 入園したばかりの子がいたら、どうすればいいですか?

A 「ちょこっと参加」がおすすめです。

　月齢や個人差を考慮して、参加するか否かを決めるのが基本ですが、みんなが集まる機会なので、お披露目という意味で「ちょこっと参加」という形にしてはいかがでしょう。舞台に上がってもらって、名前を紹介したり、子ども自身が興味を示したことだけをいっしょにしたりする形なら、負担も少ないし、特別な準備もいりません。

　もちろん無理に参加せず、当日は保護者といっしょに見学するという選択もあります。どうするかは、保護者と相談して決めましょう。

Q3 衣装やセットは必要ですか？

A 衣装やセットは、大事な「変身アイテム」です。

　衣装やセットがなくても劇あそびはできますが、あったほうが、気分が盛り上がります。なぜなら、衣装やセットは、子どもたちを想像の世界へ導いてくれる「変身アイテム」だからです。衣装を身につけることで役になりきり、セットがあることで物語の世界に入りやすくなります。

　でも、凝った衣装やセットはいりません。子どもたちのかわいさを引き立てるには、シンプルな衣装と必要最小限のセットで十分です。

Q4 衣装を着るのを嫌がる子がいたら、どうすればいいですか？

A 少しずつ慣らしていきましょう。

　着慣れないものを急に着せられたり、無理じいされたりしたら、嫌がるのは当然の反応です。子どもが嫌がるなら、無理に着せる必要はありません。でも、そうなる前に「慣らし期間」を設けましょう。演目が決まったら、まず衣装を作り、子どもたちに着せて慣らしていくのです。「かわいいね」とほめることも大切です。

　実際に着せて遊んでみると、動きやすさや着脱のしやすさがわかるので、本番までに改良することもできます。肌ざわりや着心地（紙のお面ではなく布の帽子にする、ゴムよりひもで調節するなど）にも配慮しましょう。

Q5 保護者からのクレームを防ぐ方法はありますか？

A 「連絡・相談」を忘れずに！

保護者からのクレームの大半は、誤解や情報不足から生じます。普段から情報を伝え、話を聞くことが、究極のクレーム対策です。

発表会のねらいを伝える

「上手にできること」を見せるのではなく、「こんなに大きくなったよ」と個々の子どもの成長をみんなで喜び合う会であることを伝えましょう。

普段の様子を伝える

普段の保育のなかで、歌やあそびを楽しむ様子を伝えておきましょう。お気に入りの歌やあそびを知っていれば、「だから、この演目なのね」と納得してくれます。

途中経過を伝える

普段のあそびから発表会バージョンに変化していく過程を、クラス便りや個々の連絡帳を使って報告しましょう。「無理にやらせてかわいそう」という誤解や「どうして、この内容なの？」という疑問を防ぐことができます。

「いつも通りにはいかない」ことを伝える

発表会当日は、いつもと違う雰囲気を感じて、大人も子どもも緊張します。いつも通りにいかなくて当たり前なのです。そのことを伝えていれば、当日の姿がいつもと違っても落ち着いて見られます。また、調子が悪い場合は無理に参加しなくてもよいことを伝えておけば、心配を減らせます。

個別対応は保護者と相談する

園やクラスの方針はきちんと伝えたうえで、個々の子どもについては、保護者と相談しながら対応していきましょう。「話を聞いてくれる」「子どものことを考えていてくれる」という安心感が、「先生に任せておけば大丈夫」という信頼につながります。

Q6 事前に保護者に伝えておいたほうがよいことはなんですか?

A 発表会当日のスケジュールや「お願い」です。

0・1・2歳児の保護者は、初めての発表会という方が多いので、当日のスケジュールや注意事項を早めに知らせておくと、予定が立てやすく、心の準備もできるので、落ち着いて本番を迎えることができます。園便りやクラス便りの形にするとよいでしょう。

当日の流れ(登園から降園まで)

「登園時間や子どもを預ける手順」「子どもの出番が終わったら帰るのか、発表会終了まで在園するのか」「時間外保育はあるのか」など、普段と違う点は、特にていねいに伝えておきましょう。

服装・持ち物

「衣装に着替えるので、着脱しやすい服で登園する」とか「着替えやおむつを用意する」「保護者は上履き持参」など、具体的に伝えましょう。保護者の貴重品管理についても触れておきましょう。

カメラ&ビデオ撮影に関するお願い

「撮影に夢中になって他の保護者に迷惑をかけないように、撮影スペースを設ける」「観覧席最前列を優先席にして、子どもの出演順に入れ替え方式にする」「子どもへの影響を考慮して、フラッシュは遠慮してもらう」など、園としてのルールを決めて、事前に協力をお願いしておきましょう。

当日、保護者が出席できない場合について

「子どもも欠席してもらう」のか「子どもだけ預かる」のかは、保護者の都合や子どもの年齢（月齢）、園の受け入れ体制によって変わってきます。園としての基本方針を示したうえで、個別に相談して決めることを伝えておきましょう。

当日、仕事が休めないんです…どうしましょう

当日編

Q7 登園してきた子どもと保護者を、どうやって離したらよいですか?

A できるだけ「いつも通り」にしましょう。

　いつも通りに登園してもらい、保育者が子どもを預かったら、保護者には仕事に行くふりをして、その場を離れてもらいましょう。子どもが保育室に入り、保護者は発表会会場で待機します。

　保育室と会場が近くて、姿を見られる可能性がある場合は、当日だけ、別の保育室を使うなど、本番までは保護者が園にいることがわからないようにすることが大切です。せっかくスムーズに離したのに、保護者とトイレでばったり会ってしまって大泣き、という失敗例もあるので、要注意です。

Q8 低年齢児も、発表会終了時まで参加しなければいけませんか?

A 自由参加にしましょう。

　0・1歳児は体力がないので、クラスの演目が終わったら保護者の元に返して、あとは自由参加にしましょう。そのまま降園してもいいし、残って最後まで観覧してもかまいません。兄弟姉妹が在園している場合は、発表会終了まで保育者が預かって、保育室で世話をする方法もあります。

　2歳児は3歳以上児といっしょにフィナーレまで参加して、「大きくなったんだ」「もう赤ちゃん組じゃないぞ」という自覚を促しましょう。上の年齢の子どもの姿を見ることは、子どもにもよい刺激になります。

Q9 体調の悪い子どもの保護者が「どうしても参加させたい」と言ってきたら、どうしたらいいですか?

A 保護者にも付き添ってもらいましょう。

「体調が悪いときは無理をしないほうがいい」ということはわかっていても、発表会のために仕事を休んだり、遠方から祖父母が見に来ていて、あきらめきれない保護者もいます。子どもの容体にもよりますが、保護者が「どうしても」という場合は、短時間だけ参加を認めるしかないでしょう。

ただし、当日はほかの子どもや保護者もいるので、保育者が常に付き添うことは難しく、体調が悪化する可能性もあるので、保護者の付き添いをお願いしましょう。子どもといっしょに舞台に上がってもらうか、舞台の袖で見守ってもらいます。保護者の協力が得られない場合は、「本当に残念ですが、責任をもってお預かりできないので」と、お断りしましょう。

Q10 本番でぐずったり、泣きだしたりしてしまったらどうしたらいいですか？
A いったん退場して、様子を見ましょう。

　本番前からぐずったり泣いたりしているときは、体調が悪い場合もあるので、注意が必要です。

　発熱や体調不良ではないなら、しばらく様子を見ましょう。いつもと違う雰囲気を感じて、緊張しているのかもしれません。無理に舞台に出さずに、舞台の袖からほかの子どもの姿を見せ、落ち着かせてから合流させます。

　本番前は大丈夫だったのに、舞台に上がったらぐずりだしたり、泣きだしたりしてしまった場合は、いったん退場して様子を見ましょう。落ち着いたら再登場します。保護者がいれば大丈夫な場合もあるので、いっしょに舞台に上がってもらってもよいでしょう。

　我が子が不参加や途中退場だと、保護者は不安になるので、「人が多くて、びっくりしちゃったね」「もう、大丈夫だよ」「また今度がんばろうね」など、子どもに声かけをするとともに、保護者にも「周りのことが、よくわかるようになったから泣くんですよ」と、プラスのとらえ方を伝えましょう。

アフターケア編

Q11 発表会後に、保護者に伝えておくべきことがありますか？

A アフターケアは重要です！

発表会が成功したか否かは、当日のできだけでは決まりません。アフターケアで、保護者からの評価と信頼をアップさせましょう。

協力に感謝する

仕事や介護などの都合をつけて参加してくれた保護者もいるはずです。「親なのだから、来て当たり前」という考え方はNG。「発表会が無事に終わったのは、保護者の理解と協力のおかげ」という感謝の気持ちを伝えましょう。

当日の子どもの様子を解説する

本番でぐずって泣いたり、保護者から離れられなかったり、はしゃぎすぎて周りに迷惑をかけるなど、保護者にはマイナスに思えたことにも、その年齢なりの理由があるものです。保育のプロとしての知識や経験で「なぜ、そうなったのか」を伝え、保護者の不安を和らげましょう。もちろん、大成功だった場合は、「どこが、どうよかったのか」を伝えて、喜びを共有しましょう。

発表会後の子どもの様子を伝える

本番当日はなにもしなかったのに、終わったあとから遊びだしたり、大きい組が演じた劇や歌を気に入って、まねっこあそびが流行したりすることもあります。そんな発表会関連のエピソードがあったら、紹介しましょう。子どもたちが発表会を楽しんでいたことや、発表会がよい刺激になったことが伝わります。

Q12 発表会に参加した経験を、今後の保育に生かす方法はありますか？

A 経験を自信につなげましょう。

0・1・2歳児の場合、「発表会に参加した」という自覚も記憶もあいまいなので、発表会を録画した映像を見せたり、「みんなで歌をうたったね」「ありさんになって、ビスケット探したね」「上手だったね」など、発表会での経験を思い出させたりして、「できた！」という達成感を感じさせ、自信ややる気につなげましょう。

具体的には、発表会の内容を少しバージョンアップさせたあそびを楽しんだり、ひとつ上の年齢のクラスの演目をまねしてみたりするなど、「発表会ごっこ」がおすすめ。大人にとっては終わったことでも、子どもたちにとっては、1度経験したからこそ楽しめる活動なのです。

Q13 発表会後のクレーム対応はどうすればよいですか？

A 話を聞いて、気持ちを受けとめましょう。

　発表会に対する期待が大きい人ほど、失望感も大きくなりがちです。「出番が少なかった」「舞台の端や後ろにいて見えなかった」「せりふがなかった」「ほかの子のほうが目立っていた」など、わが子だけに注目した発言が多いのも特徴です。発表会の内容に関しては、発達段階や個人差を考慮して、全員活躍できるようにするのが基本ですが、それでもすべての保護者を100％満足させることは不可能です。

　発表会後のクレームは、とにかく話を聞いて、気持ちを受けとめることが大切です。そのうえで、理由をきちんと説明しましょう。誤解がとければ納得してもらえるはずです。また、終わったあとでクレームがくるということは、事前の説明が不十分だったり、日ごろの保育に不満があったりする場合も考えられます。その点について見直すことも必要です。

わたなべ　めぐみ

童話作家・元保育士
文京学院大学・千葉経済大学短期大学部非常勤講師。
童話創作と絵本研究をしながら、保育士として絵本を活用する保育活動を長年実践。現在は、大学にて「児童文学」「言語表現」等の講義を担当している。主な著作に『昔話で楽しむ劇あそび』『昔話で楽しむ劇あそび2』『絵本であそぶ12か月／行事に生かす絵本ガイド』『月刊絵本Q＆A101』（以上チャイルド本社）、『低年齢児の劇ごっこ集』『4・5歳児の劇あそび』『保育参観＆懇談会大成功BOOK』（以上ひかりのくに）、童話作品に『よわむしおばけ』シリーズ（理論社）、『ヤマガタはかせの昆虫事件簿』シリーズ（草土文化）などがある。

表紙・扉絵　さこももみ
本文イラスト　いとうみき、石崎伸子、工藤亜沙子、中小路ムツヨ
カバー・本文デザイン　小林峰子
楽譜浄書　株式会社クラフトーン
本文校正　有限会社くすのき舎
楽譜校正　白日歩
編集協力　東條美香
編集　石山哲郎、平山滋子、田島美穂

0・1・2歳児の 歌で楽しむ発表会

2014年8月　初版第1刷発行
2016年2月　第2刷発行

著者／わたなべめぐみ
発行人／浅香俊二
発行所／株式会社チャイルド本社
〒112-8512　東京都文京区小石川5-24-21
電話／03-3813-2141（営業）　03-3813-9445（編集）
振替／00100-4-38410
印刷・製本／図書印刷株式会社

© Megumi Watanabe 2014 Printed in Japan
ISBN978-4-8054-0229-0
NDC376 26×21cm 88P
＜日本音楽著作権協会（出）許諾第1407811-502号＞

乱丁・落丁本はお取り替えいたします。
本書の内容の一部あるいは全部を無断で複写複製することは、法律で認められた場合を除き、著作権者及び出版社の権利の侵害となりますので、その場合は予め小社宛て許諾を求めてください。

チャイルド本社ホームページアドレス　http://www.childbook.co.jp/
チャイルドブックや保育図書の情報が盛りだくさん。どうぞご利用ください。